이책의 차례

01
하품은 왜 전염될까? ✦4✦

02
방귀로 알아보는 신기한 동물 이야기 ✦10✦

03
물고기도 잠을 잘까요? ✦17✦

07
삶은 달걀과 날달걀을 구분하기 ✦45✦

08
많이 웃으면 왜 배가 아플까? ✦52✦

09
엘리베이터 추락 시 대처 방법은? ✦59✦

13
길을 걷다 새똥에 맞을 확률은? ✦87✦

14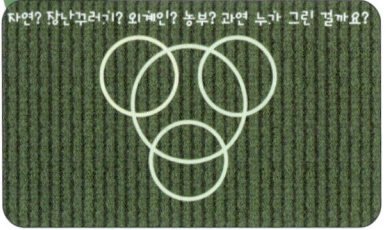
미스터리 서클은 누가 그렸을까요? ✦94✦

15
고양이 얼굴에 수염이 없다면? ✦101✦

19
무거운 돌을 쉽게 옮기는 방법은? ✦131✦

20
시소의 무게 중심점을 찾아보세요. ✦139✦

21
공기저항에 따른 낙하 속도의 변화 ✦147✦

CODING RUN

사이언스 대모험
with 엔트리

04

날씬하게 보이는 마법거울 ◆24◆

05

손톱이 빨리 자라는 손가락이 있나요? ◆31◆

06

마찰력을 이용하여 동전 게임하기 ◆38◆

10

고양이 언어를 통역할 수 있을까요? ◆66◆

11

귀여움이 스트레스를 줄여준다고? ◆73◆

12

비가 오면 소리가 더 잘 들리나요? ◆80◆

16

우주에서 혼자 야구를 할 수 있을까요? ◆108◆

17

뒤로 날 수 있는 새가 있나요? ◆116◆

18

자석이 밀어낼 수 있는 최대 거리는? ◆124◆

22

중력에 따른 몸무게 변화 ◆155◆

23

기차 vs 셔틀콕 누가 더 빠를까? ◆163◆

24

캔 우유와 팩 콜라는 왜 없을까? ◆171◆

CHAPTER 01 하품은 왜 전염될까?

학습목표
- 장면이 시작되면 지정한 시간 동안 말을 할 수 있습니다.
- 무작위 수를 이용하여 모양을 바꾸고 말을 할 수 있습니다.
- 특정 오브젝트로 신호를 보낼 수 있습니다.

ENTRY

오늘의 과학TOON 흐아암…너T야?

실습 및 완성 파일 : [01차시] 폴더

옆사람이 하품하면 따라서 하품이 나오는 현상은, 다른 사람과 감정을 동기화하는 '공감 능력'과 관련이 있다는 연구 결과가 있어요! 전염성 하품, 재미있지 않나요?

STEP 01 파일을 불러와 장면이 시작되었을 때 말하기

01 엔트리를 실행한 후 [파일]-[오프라인 작품 불러오기]를 클릭해요. [열기] 대화상자가 나오면 [실습 및 완성파일]-[01차시] 폴더에서 **하품.ent** 파일을 불러와요.

02 [장면1]에서 **캐릭터1**을 선택한 후 시작에서 장면이 시작되었을 때를 블록 조립소로 드래그해요.

> **TIP**
> 오브젝트를 선택할 때는 '실행화면' 또는 '오브젝트 목록'에서 해당 오브젝트를 선택해요.

03 장면이 시작되면 입력된 내용을 말하도록 생김새에서 안녕! 을(를) 4 초 동안 말하기를 연결한 후 내용(**나 갑자기 졸려~**)과 초(**2**)를 변경해요.

무작위 수를 이용하여 모양 변경하기

01 무작위 수만큼 반복하여 모양을 변경하기 위해 `흐름` 에서 `10 번 반복하기` 를 연결해요.

02 `계산` 에서 `0 부터 10 사이의 무작위 수` 를 10에 끼워 넣은 후 값을 1과 2로 변경해요.

03 `생김새` 에서 `캐릭터1▼ 모양으로 바꾸기` 와 `안녕! 을(를) 말하기▼` 를 안쪽에 연결한 후 모양(**캐릭터1하품**)과 내용(**아~암~**)을 변경해요.

> **TIP**
> 무작위 수로 선택된 수(1 또는 2)만큼 반복하여 하품하는 모양으로 변경하고 말을 해요.

04 말을 지우고 원래 모양으로 바꾸기 위해 `호흠`에서 `2 초 기다리기`를 연결한 후 `생김새`에서 `말풍선 지우기`와 `캐릭터1 모양으로 바꾸기`를 연결해요.

05 반복할 때 1초를 기다린 후 실행하기 위해 `호흠`에서 `2 초 기다리기`를 연결하고 **1**로 변경해요.

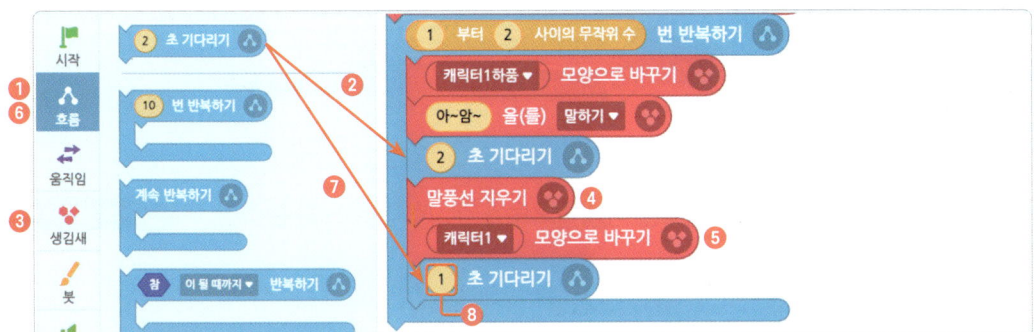

06 반복이 끝나면 다른 오브젝트로 신호를 보내기 위해 `시작`에서 `하품3 신호 보내기`를 반복문 바깥쪽에 연결한 후 **하품2**로 변경해요.

TIP
무작위 수에 따라 한 번 또는 두 번 모양을 바꿔 말을 한 후 '캐릭터2' 오브젝트로 '하품2' 신호를 보내요.

코드를 복사하여 다른 오브젝트에 붙여 넣은 후 수정하기

01 캐릭터1이 선택된 상태에서 `장면이 시작되었을 때` 위에서 마우스 오른쪽 버튼을 눌러 [코드 복사]를 클릭해요.

01 하품은 왜 전염될까? 7

02 **캐릭터2**를 선택한 후 블록 조립소에서 마우스 오른쪽 버튼을 눌러 **[붙여넣기]**를 클릭해요.

03 코드가 복사되면 `나 갑자기 졸려~ 을(를) 2 초 동안 말하기` 블록을 아래쪽으로 드래그하여 코드를 분리한 후 `장면이 시작되었을 때` 를 휴지통으로 드래그하여 삭제해요.

04 신호로 변경하기 위해 `시작` 에서 `하품2 신호를 받았을 때` 를 맨 위에 연결한 후 **하품2**로 변경해요. 이어서, 말하기(**공감이야 나도 졸려~**), 모양(**캐릭터2하품, 캐릭터2**), 신호(**하품3**)를 각각 변경해요.

05 모든 작업이 끝나면 첫 번째 장면인 **[과학상식]**을 선택한 후 `시작하기` 를 클릭하여 결과를 확인해 보세요.

> **TIP**
> 무작위 수에 따라 한 번 또는 두 번 모양을 바꿔 말을 한 후 '캐릭터3' 오브젝트로 '하품3' 신호를 보내요.

미션 해결하기

01 [장면1]에서 '동물2' 오브젝트가 '눈물2' 신호를 받으면 모양을 한 번 또는 두 번 바꾸도록 반복하기 횟수에 코드를 추가해 보세요.

● 실습 및 완성 파일 : [01차시] 폴더

◆ HINT ◆
① '동물2' 오브젝트에는 '눈물2' 신호를 받으면 말을 하고 모양을 변경하도록 코드가 작성되어 있어요.
② 모양을 한 번 또는 두 번 변경하기 위해서는 `0 부터 10 사이의 무작위 수` 를 이용하여 반복 횟수를 변경해요.

02 [장면1]에서 '동물3' 오브젝트가 '눈물3' 신호를 받으면 말을 하고 표정을 바꾼 후 다시 말을 하도록 코드를 작성해 보세요.

◆ HINT ◆
① '눈물3' 신호를 받으면 1초를 기다린 후 2초 동안 '너희가 슬퍼도 나는 기분 좋아!'를 말해요.
② 2초 동안 '호호호'를 말하고 '동물3표정'으로 모양을 변경해요.
③ 4초 동안 '뭐야 나 왜 우는 거야? 슬픔이 전염됐나 봐 ㅠㅠ'를 말해요.

03 하품이 전염되는 이유를 간단하게 적어보세요.

CHAPTER 02 방귀로 알아보는 신기한 동물 이야기

ENTRY

학습목표
- 글상자 오브젝트를 추가한 후 글꼴 속성을 변경할 수 있습니다.
- 원하는 내용을 글로 써서 실행화면에 표시할 수 있습니다.
- 오브젝트를 클릭했을 때 신호를 보내고 색깔 효과를 줄 수 있습니다.

오늘의 과학 TOON — 너의 방귀가 들려

실습 및 완성 파일 : [02차시] 폴더

STEP 01 글상자 오브젝트 추가하기

01 엔트리를 실행하여 [실습 및 완성파일]-[02차시] 폴더에서 **방귀.ent** 파일을 불러온 후 [**문제3**]에서 ➕오브젝트 추가하기 를 클릭해요.

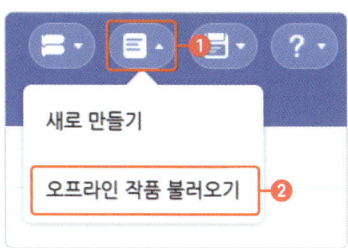

02 오브젝트 추가하기에서 **글상자**를 클릭하여 내용(**문제**)을 입력해요. 이어서, 글꼴(**산돌 별이샤방샤방**), 글꼴 색상(**검정**), 채우기 색상(**흰색**)을 각각 지정한 후 <**추가하기**>를 클릭해요.

> **TIP**
> 글꼴 색상 및 채우기 색상을 변경할 때는 '팔레트 모드( )'를 클릭하여 원하는 색상을 선택하세요.

03 추가된 **글상자**의 위치와 크기를 변경하기 위해 오브젝트 목록에서 y좌푯값(**95**)과 크기(**40**)를 변경해요.

글상자 오브젝트를 이용하여 문제 출제하기

01 **문제3** 오브젝트가 선택된 상태에서 [시작]에서 [장면이 시작되었을 때]를 블록 조립소로 드래그해요. 이어서, [글상자]에서 [엔트리 라고 글쓰기 가]를 연결한 후 **내용(엔트리)**을 **어떤 동물의 방귀 소리일까?**로 변경해요.

02 문제 출제 후 신호를 보내기 위해 [흐름]에서 [2 초 기다리기]를 연결하여 **1**로 변경해요. 이어서, [시작]에서 [오답▼ 신호 보내기]를 연결한 후 **방귀**로 변경해요.

> **TIP**
> '방귀' 신호는 '방귀구름' 오브젝트로 신호를 보내요. '방귀구름'은 미리 코드가 작성되어 있기 때문에 해당 신호를 받으면 실행화면에 나타나 '방귀소리' 신호를 보낸 후 사라져요.

03 문제의 힌트를 보여주기 위해 [시작]에서 [오답▼ 신호를 받았을 때]를 블록 조립소로 드래그하여 **동물들**로 변경해요. 이어서, [글상자]에서 [엔트리 라고 글쓰기 가]를 연결한 후 **내용(엔트리)**을 **나는 방귀를 뀌지 않아!**로 변경해요.

> **TIP**
> '방귀물음표' 오브젝트가 '동물들' 신호를 보내 실행화면에 힌트 내용을 보여줘요.

04 완성된 코드를 테스트하기 위해 [어떤 동물의 방귀 소리일까? 라고 글쓰기] 블록을 아래쪽으로 드래그하여 코드를 분리해요.

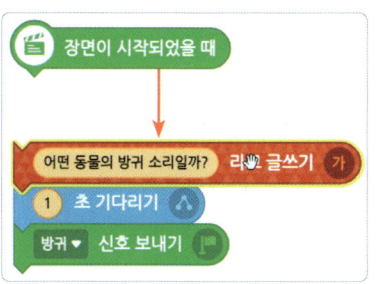

TIP [장면이 시작되었을 때]로 연결된 코드를 실행하기 위해서는 첫 번째 장면인 [과학상식]에서 <시작하기>를 클릭해야 하기 때문에 장면 전환 없이 바로 코드를 테스트하고 싶다면 [시작하기 버튼을 클릭했을 때]로 변경한 후 실행해요.

05 [시작]에서 [시작하기 버튼을 클릭했을 때]를 맨 위쪽에 연결한 후 ▶시작하기를 클릭하여 코드를 확인해 보세요.

TIP 코드 확인이 끝나면 원래 상태로 되돌린 후 필요 없는 블록([시작하기 버튼을 클릭했을 때])은 휴지통으로 삭제해요.

STEP 03 '새, 소, 코끼리' 오브젝트 코드 작성하기

01 오브젝트 목록에서 **새**를 선택한 후 [시작]에서 [오답 신호를 받았을 때]를 블록 조립소로 드래그하여 **동물들**로 변경해요. 이어서, [생김새]에서 [모양 보이기]를 연결해요.

TIP '새' 오브젝트는 숨기기로 지정되어 있어 실행화면에 보이지 않다가 '방귀물음표' 오브젝트가 보낸 '동물들' 신호를 받으면 실행화면에 나타나요.

02 방귀로 알아보는 신기한 동물 이야기   **13**

02 신호를 받았을 때 '참'인지 판단하기 위해 [흐름]에서 [계속 반복하기]를 연결한 후 [만일 참 (이)라면]을 안쪽에 연결해요.

03 '새'를 클릭했을 때 신호를 보내기 위해 [판단]에서 [오브젝트를 클릭했는가?]를 참에 끼워 넣은 후 [시작]에서 [오답▼ 신호 보내기]를 안쪽에 연결하고 **정답**으로 변경해요.

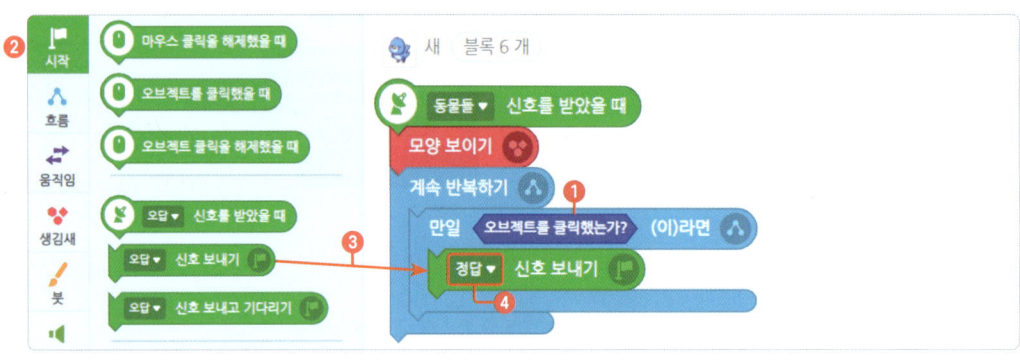

> **TIP**
> '새'를 클릭하면 'O' 오브젝트로 '정답' 신호를 보내서 실행화면에 O 모양을 보여줘요.

04 완성된 코드를 복사하기 위해 [동물들▼ 신호를 받았을 때] 위에서 마우스 오른쪽 버튼을 눌러 [**코드 복사**]를 클릭한 후 오브젝트 목록에서 **소**를 선택해요.

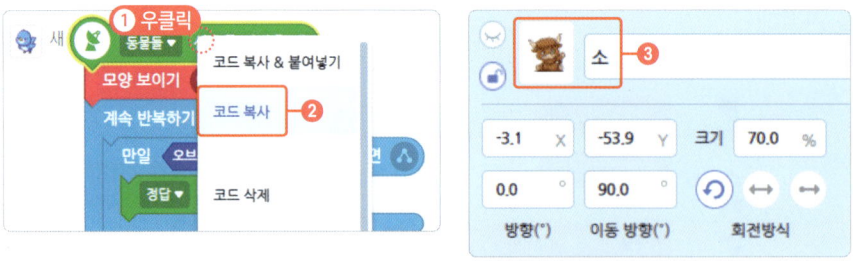

> **TIP**
> 완성된 '새' 코드를 복사하여 '소' 오브젝트에 붙여 넣은 후 코드를 수정해요.

05 블록 조립소에서 마우스 오른쪽 버튼을 눌러 [**붙여넣기**]를 클릭한 후 신호를 **오답**으로 변경해요.

06 색깔 효과를 주기 위해 생김새에서 `색깔 효과를 10 만큼 주기`와 `효과 모두 지우기`를 연결한 후 흐름에서 `2 초 기다리기`를 블록 사이에 연결하고 1로 변경해요.

TIP

'소'를 클릭하면 'X' 오브젝트로 '오답' 신호를 보내고 1초 동안 오브젝트의 색상을 변경한 후 원래 색상으로 되돌려요.

07 완성된 '소' 오브젝트의 코드를 복사하여 **코끼리**에 붙여 넣은 후 첫 번째 장면인 [**과학상식**]을 선택하고 ▶시작하기 를 클릭하여 퀴즈를 풀어보세요.

미션 해결하기

01 [문제2]에서 장면이 시작되었을 때 문제 내용이 실행화면에 나오도록 '문제2' 오브젝트에 코드를 작성해 보세요.

● 실습 및 완성 파일 : [02차시] 폴더

✦ HINT ✦
① 장면이 시작되면 '내가 누구인지 맞혀봐~'라고 글을 쓰고 1초 후에 '문제' 신호를 보내요.
② '나타나기' 신호를 받으면 '나는 큰 물방울 방귀를 뀌지!'라고 글을 써요.

02 [문제2]의 오브젝트 목록에서 '고래'를 선택하여 정답 확인에 필요한 코드를 작성해 보세요.

 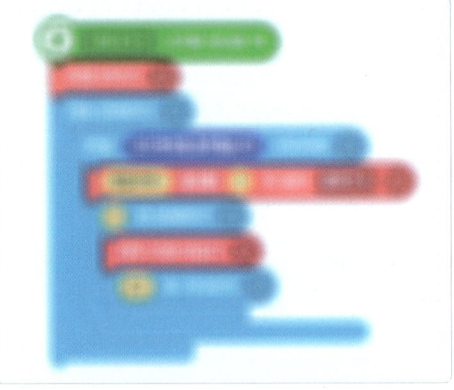

✦ HINT ✦
① '나타나기' 신호를 받으면 숨겨져 있던 '고래'가 실행화면에 나타나 오브젝트를 클릭했는지 계속 확인해요.
② 오브젝트를 클릭했을 때 '정답이야~'를 1초 동안 말을 한 후 좌우 모양 뒤집기를 0.2초 간격으로 5번 반복해요.

03 방귀를 뀌면 공기가 오염되는 동물의 이름을 적어보세요.

물고기도 잠을 잘까요?

ENTRY

학습목표

- 코드 작업에 필요한 변수를 만든 후 실행화면에서 숨길 수 있습니다.
- 변수를 이용하여 특정 값과 같은지 계속 확인할 수 있습니다.
- 오브젝트가 마우스포인터를 계속 따라다니게 할 수 있습니다.

오늘의 과학 TOON **아빠 안 잔다**

실습 및 완성 파일 : [03차시] 폴더

03 물고기도 잠을 잘까요?　17

STEP 01 코드 작업에 필요한 변수 만들기

01 엔트리를 실행하여 [실습 및 완성파일]-[03차시] 폴더에서 **잠자는 물고기.ent** 파일을 불러온 후 [장면1]에서 [속성]-[변수]를 클릭해요.

02 <변수 추가하기>를 클릭하여 변수 이름을 **점수**로 입력한 후 <변수 추가>를 클릭해요. '점수' 변수가 추가되면 👁 를 클릭하여 실행화면에서 보이지 않게 숨겨요.

03 변수 추가 작업이 끝나면 코드 작업을 위해 [블록] 탭을 클릭해요.

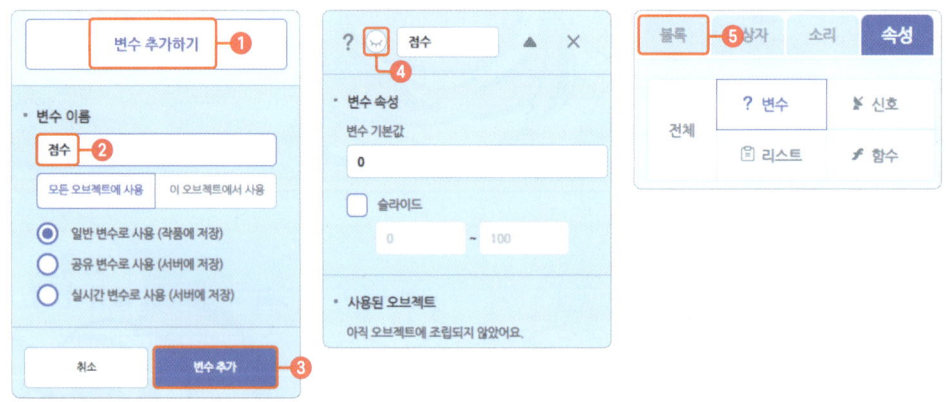

> **TIP**
> 코드를 작성할 때 변수(변하는 수)를 이용하여 특정 값을 계속 변경할 수 있어요.

STEP 02 장면이 시작되면 신호를 보내고 변수를 이용하여 값을 판단하기

01 글상자를 선택하고 [시작]에서 [장면이 시작되었을 때]를 블록 조립소로 드래그한 후 [흐름]에서 [2초 기다리기]를 연결해요.

TIP
오브젝트 선택은 '실행화면' 또는 '오브젝트 목록'에서 선택할 수 있어요.

02 모양을 숨긴 후 신호를 보내기 위해 생김새 에서 모양 숨기기 와 시작 에서 시작▼ 신호 보내기 를 연결해요.

TIP
장면이 시작되면 2초 동안만 글상자 내용을 보여준 후 '손가락, 물고기1, 물고기2, 물고기3' 오브젝트로 '시작' 신호를 보내요.

03 '참'인지 계속 확인하기 위해 흐름 에서 계속 반복하기 를 연결한 후 만일 참 (이)라면 을 안쪽에 연결해요.

04 변수값을 판단하기 위해 판단 에서 10 = 10 를 **참**에 끼워 넣어요. 이어서, 자료 에서 점수▼ 값 을 **왼쪽** 10에 끼워 넣고 **오른쪽** 10은 3으로 변경해요.

05 '점수' 변수값이 3이면 글을 쓰기 위해 [가 글상자]에서 [엔트리 라고 글쓰기 가]를 안쪽에 연결하여 **내용(엔트리)을 눈을 뜨고 자는 물고기를 모두 찾았네요.**로 변경한 후 [생김새]에서 [모양 보이기]를 연결해요.

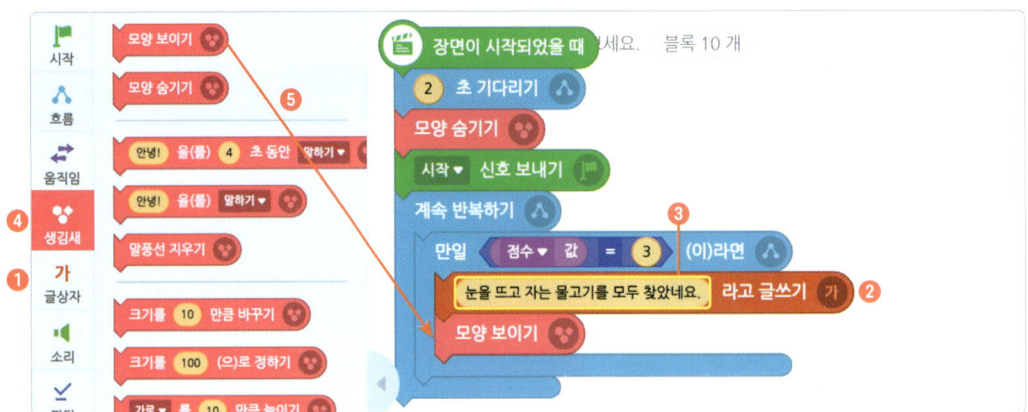

> **TIP**
> '점수' 변수값이 '3'이 되면 글쓰기 내용을 실행화면에 보여줘요.

STEP 03 오브젝트를 클릭했을 때 점수 변수값을 증가시키기

01 자고 있는 물고기를 클릭하면 '점수' 변수값을 '1' 증가시키기 위해 **물고기1**을 선택한 후 미리 작성된 2개의 코드 중에서  코드가 보이게 위치를 맞춰주세요.

02 클릭 시 변수값을 증가시키기 위해 [?자료]에서 [점수▼ 에 10 만큼 더하기]를 [모양 숨기기] 아래쪽에 연결한 후 **1**로 변경해요.

> **TIP**
> '물고기1' 오브젝트가 자고 있을 때 마우스로 클릭하면 말을 하고 모양을 숨기면서 '점수' 변수값을 '1' 증가시켜요. 물고기가 자거나 깨어 있는 상태는 '잠1' 변수값을 이용하며, '0'이면 깨어 있고 '1'이면 자는 것으로 판단해요.

03 똑같은 방법으로 **물고기2**와 **물고기3**에도 `점수▼ 에 10 만큼 더하기`를 `모양 숨기기` 아래쪽에 연결한 후 **1**로 변경해요.

▲ 물고기2

▲ 물고기3

> **TIP**
> 첫 번째 장면인 [과학상식]을 선택하고 ▶시작하기 를 클릭하여 코드 결과를 확인해 보세요.

STEP 04 마우스포인터를 따라다니는 '손가락' 오브젝트

01 오브젝트 목록에서 **손가락**을 선택한 후 `시작`에서 `시작▼ 신호를 받았을 때`를 블록 조립소로 드래그해요. 이어서, `생김새`에서 `모양 보이기`를 연결해요.

> **TIP**
> '시작' 신호를 받으면 숨겨져 있던 '손가락' 오브젝트가 실행화면에 나타나요.

02 '손가락' 오브젝트가 마우스포인터를 계속 따라다니도록 흐름에서 계속 반복하기를 연결해요. 이어서, 움직임에서 잠자는 물고기를 깨워 보세요. 위치로 이동하기를 안쪽에 연결한 후 **마우스포인터**로 변경해요.

> **TIP**
> '시작' 신호를 받으면 '손가락' 오브젝트가 마우스포인터를 계속 따라다녀요.

03 첫 번째 장면인 **[과학상식]**을 선택하고 ▶시작하기 를 클릭하여 잠자고 있는 물고기를 찾아 클릭해 보세요.

01 [장면1]에서 '시작' 신호를 받았을 때 숨겨진 오브젝트가 나타나 마우스포인터를 계속 따라다니도록 '손가락' 오브젝트에 코드를 작성해 보세요.

● 실습 및 완성 파일 : [03차시] 폴더

✦ HINT ✦
'시작' 신호를 받으면 숨겨져 있던 오브젝트가 실행화면에서 보이고 마우스포인터 위치로 이동하여 계속 따라다녀요.

02 [장면1]에서 오브젝트를 클릭했을 때 '상어' 변수값이 '1'에서 '0'으로 변경되도록 '상어코' 오브젝트에 코드를 작성해 보세요.

✦ HINT ✦
오브젝트를 클릭하면 '상어' 변수값이 '1'로 정해졌다가 3초 후에 '상어' 변수값이 '0'으로 정해요. '상어'의 기절 유무는 '상어' 변수값을 이용하며, '1'이면 기절한 상태이고 '0'이면 기절 상태가 아닌 것으로 판단해요.

03 물고기는 물속에서 어떻게 잠을 자나요?

CHAPTER 04 날씬하게 보이는 마법거울

ENTRY

학습목표
- 코드 작업에 필요한 변수를 만들어 슬라이드 형태로 변경할 수 있습니다.
- 변수값을 비교하여 글자를 보이거나 숨길 수 있습니다.
- 변수값을 비교하여 모양을 변경하고 말을 할 수 있습니다.

오늘의 과학 TOON 거울아 거울아 거짓말쟁이 거울아

실습 및 완성 파일 : [04차시] 폴더

오목거울 속 내 모습은 실제보다 길고 날씬해 보인다는 사실! 오목거울은 날씬이, 볼록거울은 통통이로 보이게 만든답니다.

코드 작업에 필요한 슬라이드 변수 만들기

01 엔트리를 실행하여 [실습 및 완성파일]-[04차시] 폴더에서 **마법거울.ent** 파일을 불러온 후 [장면1]에서 [속성]-[변수]를 클릭해요.

02 <변수 추가하기>를 클릭하여 변수 이름을 **거울**로 입력한 후 <변수 추가>를 클릭해요.

03 **거울** 변수가 추가되면 **슬라이드**를 클릭하여 값을 -2에서 2로 변경한 후 실행화면 왼쪽 모서리 위쪽으로 위치를 변경하고 ◉를 클릭해 숨겨요.

TIP
변수 추가 시 '슬라이드'를 선택하면 슬라이드 형태로 변수가 추가되며, 값을 입력하면 지정된 범위 안에서만 변수값 조절이 가능해요.

장면이 시작되면 숨겨진 변수를 실행화면에 나타내기

01 코드 작업을 위해 [블록] 탭을 클릭한 후 오브젝트 목록에서 **집 배경**을 선택해요. 이어서, 시작 에서 장면이 시작되었을 때 를 블록 조립소로 드래그해요.

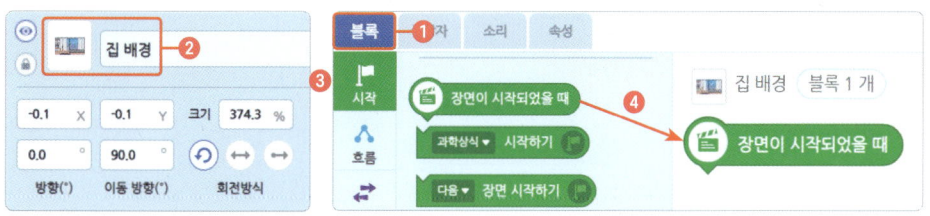

02 장면이 시작되면 숨겨진 **거울** 변수가 실행화면에 나타나도록 를 연결해요.

> **TIP**
> 장면이 시작되면 실행화면 왼쪽 모서리 위쪽에 '거울' 변수가 슬라이드 형태로 나타나요.

STEP 03 변수값을 비교하여 글자를 보이거나 숨기기

01 오브젝트 목록에서 **볼록거울**을 선택한 후 에서 를 블록 조립소로 드래그해요.

02 '참'인지 계속 확인하기 위해 에서 계속 반복하기를 연결한 후 만일 참 (이)라면을 안쪽에 연결해요.

03 변수값을 판단하기 위해 [판단]에서 `10 > 10`를 참에 끼워 넣은 후 [자료]에서 `거울▼ 값`을 왼쪽 10에 끼워 넣고 **오른쪽 10은 0**으로 변경해요.

04 [생김새]에서 `모양 보이기`를 안쪽에 연결한 후 `만일 참 (이)라면` 위에서 마우스 오른쪽 버튼을 눌러 **[코드 복사 & 붙여넣기]**를 클릭해요.

05 복사된 코드를 아래쪽에 연결한 후 부등호를 **≤**로 변경해요. 이어서, `모양 보이기`를 휴지통으로 드래그하여 삭제한 후 `모양 숨기기`를 안쪽에 연결해요.

06 첫 번째 장면인 **[과학상식]**을 선택한 후 ▶시작하기를 클릭하여 '거울' 변수의 슬라이드 바를 드래그해 보세요.

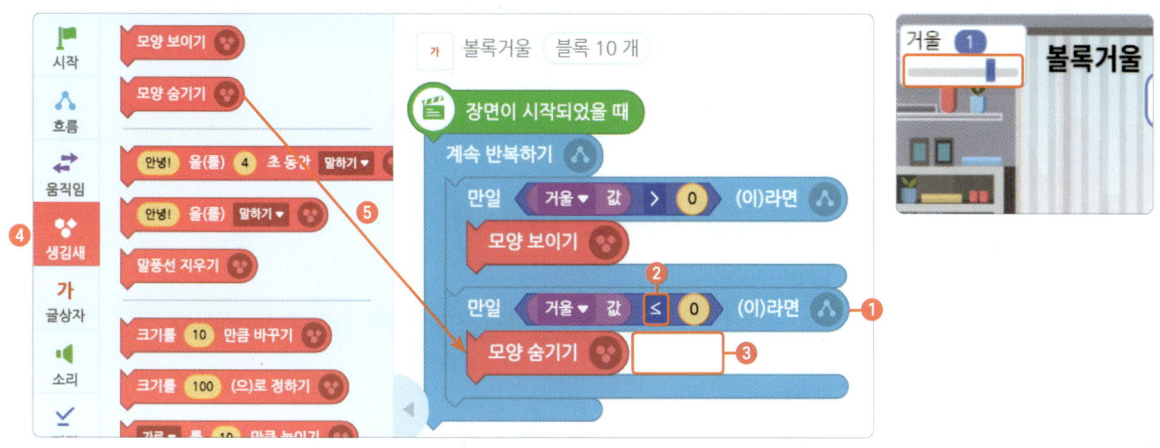

> **TIP**
> '거울' 변수값이 '0'보다 크면 실행화면에 글자가 보이고, '0'보다 적거나 같으면 모양을 숨겨요.

 **STEP 04 코드를 복사하여 다른 오브젝트에 붙여 넣은 후 수정하기**

01 **볼록거울**이 선택된 상태에서 장면이 시작되었을 때 위에서 마우스 오른쪽 버튼을 눌러 [**코드 복사**]를 클릭해요.

02 오브젝트 목록에서 **오목거울**을 선택한 후 블록 조립소에서 마우스 오른쪽 버튼을 눌러 [**붙여넣기**]를 클릭해요.

03 코드가 복사되면 위쪽 부등호는 <로, 아래쪽 부등호는 ≥로 각각 변경해요.

TIP
'거울' 변수값이 '0'보다 적으면 실행화면에 글자가 보이고, '0'보다 크거나 같으면 모양을 숨겨요.

 **STEP 05 변수값을 비교하여 모양을 바꾸고 말하기**

01 오브젝트 목록에서 **거울반사**를 선택한 후 판단 에서 10 = 10 를 맨 위쪽 참에 끼워 넣어요.

02 '거울' 변수값을 판단하기 위해 ?자료 에서 거울▼ 값 을 **왼쪽 10**에 끼워 넣고 **오른쪽 10**은 **0**으로 변경해요.

03 똑같은 방법으로 나머지 **참**에도 `10 = 10` 와 `거울▼ 값` 블록을 추가한 후 값(-1, -2, 1, 2)을 변경해요.

04 오브젝트 목록에서 **캐릭터**를 선택한 후 똑같은 방법으로 `10 = 10` 와 `거울▼ 값` 블록을 이용하여 아래 그림처럼 **참**에 블록을 추가한 후 값을 변경해요.

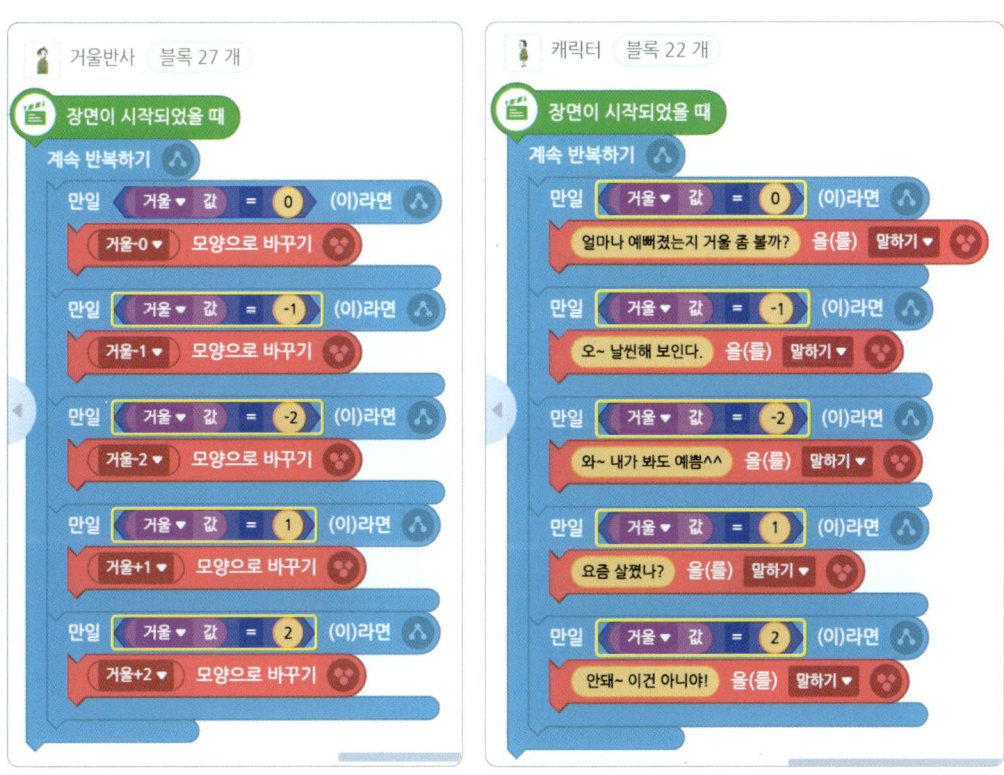

▲ '거울반사' 오브젝트　　　▲ '캐릭터' 오브젝트

TIP

'거울' 변수값(0, -1, -2, 1, 2)을 판단하여 모양을 변경하고 그에 맞추어 말을 해요.

05 첫 번째 장면인 [**과학상식**]을 선택하고 ▶시작하기 를 클릭하여 거울에 비친 모습이 변경되도록 '거울' 변수의 슬라이드 바를 좌-우로 이동시켜 보세요.

01 [장면1]에서 '빛' 신호를 받았을 때 '렌즈' 변수값이 3이면 모양이 보이도록 '빛3' 오브젝트에 코드를 작성한 후 코드를 복사하여 다른 오브젝트에 붙여 넣으세요.

● 실습 및 완성 파일 : [04차시] 폴더

✦ HINT ✦
❶ '빛' 신호를 받았을 때 '렌즈' 변수값이 만일 '3'이라면 숨겨져 있던 모양이 실행화면에 나타나요. 이어서, 완성된 코드를 복사해요.
❷ 오브젝트 목록에서 '빛2'를 선택하여 복사한 코드를 붙여 넣은 후 값을 '2'로 변경해요.
❸ 오브젝트 목록에서 '빛1'을 선택하여 복사한 코드를 붙여 넣은 후 값을 '1'로 변경해요.

02 [장면1]에서 '렌즈' 변수값에 따라 코드가 실행되도록 '불' 오브젝트의 3개의 '참'에 블록을 추가해 보세요.

✦ HINT ✦
❶ 첫 번째 : 만일 '렌즈' 변수값이 '1'이라면 3초를 기다린 후 실행화면에 모양이 나타나요.
❷ 두 번째 : 만일 '렌즈' 변수값이 '2'라면 2초를 기다린 후 실행화면에 모양이 나타나요.
❸ 세 번째 : 만일 '렌즈' 변수값이 '3'이라면 1초를 기다린 후 실행화면에 모양이 나타나요.

03 거울 비친 내 모습이 날씬하게 보이려면 어떤 거울이 필요한가요?

CHAPTER 05
손톱이 빨리 자라는 손가락이 있나요?

ENTRY

학습목표
- 장면이 시작되었을 때 글자 내용을 보여주고 신호를 보낼 수 있습니다.
- 변수를 이용하여 오브젝트의 길이를 늘일 수 있습니다.
- 변수가 지정한 값과 일치하면 신호를 보내고 해당 코드를 멈출 수 있습니다.

오늘의 과학 TOON 코딱지 숟가락

실습 및 완성 파일 : [05차시] 폴더

글쓰기로 문제를 출제한 후 결과 신호 보내기

01 엔트리를 실행하여 [실습 및 완성파일]-[05차시] 폴더에서 **손톱.ent** 파일을 불러온 후 **[장면1]**에서 문제를 클릭해요.

02 시작에서 `장면이 시작되었을 때`를 블록 조립소로 드래그해요. 이어서, 글상자에서 `엔트리 라고 글쓰기 가`를 연결한 후 **내용(엔트리)**을 **상황에 따라 사용하는 손가락의 손톱을 클릭해 주세요.**로 변경해요.

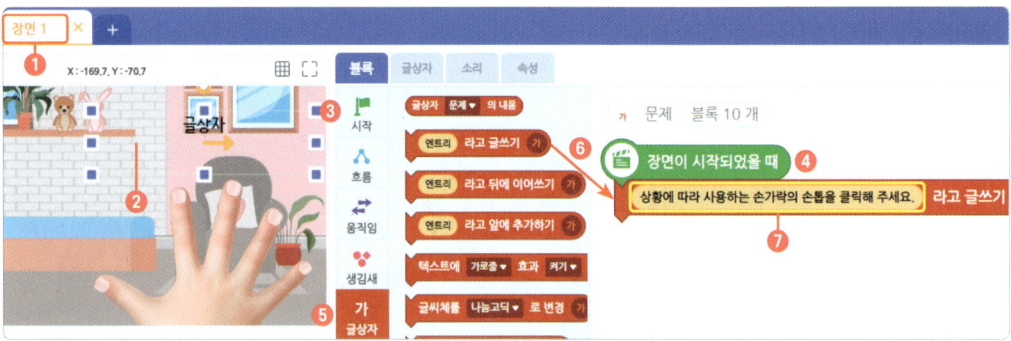

> **TIP**
> 오브젝트 선택은 '실행화면' 또는 '오브젝트 목록'에서 선택할 수 있어요.

03 첫 번째 문제를 신호로 보내기 위해 흐름에서 `2 초 기다리기`와 시작에서 `손톱 신호 보내기`를 연결한 후 초(3)와 신호(1번문제)를 변경해요.

> **TIP**
> 장면이 시작되면 플레이 방법을 글쓰기로 3초 동안 보여준 후 '1번문제'로 신호를 보내요.

04 4번까지 문제를 출제한 후 결과를 확인하기 위해 시작에서 `손톱 신호를 받았을 때`를 블록 조립소로 드래그하여 **문제끝**으로 변경해요.

32

05 글상자에서 "엔트리 라고 글쓰기"를 연결하여 **내용(엔트리)을 자! 그러면 손톱이 얼마나 자랐는지 확인해 볼까?**로 변경한 후 시작에서 "손톱 신호 보내기"를 연결해요.

> **TIP**
> '문제끝' 신호를 받으면 결과 확인 내용을 글쓰기로 보여준 후 '손톱(1~5)' 오브젝트로 신호를 보내 손톱의 길이 변화를 보여줘요.

STEP 02 변수를 이용하여 '손톱'의 길이를 변경하기

01 **손톱2**를 선택한 후 시작에서 "오브젝트를 클릭했을 때"를 블록 조립소로 드래그하고 흐름에서 "만일 참 (이)라면"을 연결해요.

02 판단에서 "10 = 10"을 참에 끼워 넣은 후 자료에서 "클릭 값"을 왼쪽 10에 끼워 넣고 **오른쪽 10을 0**으로 변경해요. 이어서, "클릭에 10 만큼 더하기" 3개를 안쪽에 연결한 후 아래 그림처럼 **변수명**과 **값**을 변경해요.

> **TIP**
> '클릭' 변수값이 '0'일 때 오브젝트를 클릭하면 손톱이 길어지도록 '검지' 변수값에 '1'만큼 더하고, 다음 문제를 출제하기 위해 '문제' 변수값도 '1'만큼 더해요. 오브젝트를 한 번만 클릭하도록 제어하기 위해 '클릭' 변수값도 '1' 증가시켜요.

05 손톱이 빨리 자라는 손가락이 있나요? **33**

03 '손톱' 신호를 받았을 때 손톱의 길이 변화를 보여주기 위해 [시작]에서 [손톱▼ 신호를 받았을 때]를 블록 조립소로 드래그해요. 이어서, [자료]에서 [클릭▼ 에 10 만큼 더하기]를 연결한 후 **검지**와 **1**로 변경해요.

> **TIP**
> 해당 오브젝트를 클릭하지 않았어도 기본적으로 손톱이 조금은 자라기 때문에 '손톱' 신호를 받았을 때 '검지' 변수값에 1만큼 더해요.

04 손톱의 길이를 반복해서 늘이기 위해 [흐름]에서 [10 번 반복하기]를 연결한 후 [2 초 기다리기]를 안쪽에 연결해요. 이어서, 반복 횟수는 **6**, 초는 **0.2**로 변경해요.

05 **검지** 변수값만큼 길이를 늘이기 위해 [생김새]에서 [가로▼ 를 10 만큼 늘이기]를 [0.2 초 기다리기] 블록 위에 연결한 후 **세로**로 변경해요. 이어서, [자료]에서 [클릭▼ 값]를 10에 끼워 넣은 후 **검지**로 변경해요.

> **TIP**
> '손톱' 신호를 받으면 '검지' 변수값만큼 '손톱2' 오브젝트의 세로 크기를 6번 반복하여 길이를 늘여요.

STEP 03 '문제' 변수값에 맞추어 다음 문제로 신호 보내기

01 코를 선택한 후 시작에서 손톱▼ 신호를 받았을 때 를 블록 조립소로 드래그하여 **1번문제**로 변경해요. 이어서, 생김새에서 모양 보이기 를 연결해요.

02 신호를 받았을 때 모양이 보이고 길이가 반복해서 변경되도록 흐름에서 계속 반복하기 를 연결해요. 이어서, 2 초 기다리기 를 안쪽에 연결한 후 **0.2**로 변경해요.

03 생김새 에서 가로▼ 를 10 만큼 늘이기 를 2 초 기다리기 블록 위에 연결한 후 **세로**와 **-5**로 변경해요. 이어서, 세로 를 -5 만큼 늘이기 위에서 마우스 오른쪽 버튼을 눌러 [코드 복사 & 붙여넣기]를 클릭해요.

> **TIP**
> '1번문제' 신호를 받으면 실행화면에 모양이 보이고 세로 길이를 -5만큼 줄여요.

04 복사된 코드를 아래쪽에 연결하여 값을 **5**로 변경한 후 `흐름`에서 `만일 참 (이)라면`을 연결해요. 이어서, `판단`에서 `10 = 10`를 **참**에 끼워 넣어요.

05 '문제' 변수값에 맞추어 다음 문제로 신호를 보내기 위해 `자료`에서 `클릭▼ 값`을 **왼쪽 10**에 끼워 넣고 **문제**로 변경한 후 **오른쪽 10**을 **2**로 변경해요.

06 신호를 보낸 후 코드를 멈추기 위해 `시작`에서 `손톱▼ 신호 보내기`를 안쪽에 연결하여 **2번문제**로 변경한 후 `생김새`에서 `모양 숨기기`를 연결해요. 이어서, `흐름`에서 `모든▼ 코드 멈추기`를 연결한 후 **이**로 변경해요.

> **TIP**
> 만약 '문제' 변수값이 '2'라면 다음 문제 출제를 위해 '2번문제' 신호를 보내고 모양을 숨긴 후 이 코드를 멈춰요.

07 첫 번째 장면인 **[과학상식]**을 선택하고 `▶ 시작하기`를 클릭하여 질문에 해당하는 손가락의 손톱을 클릭해 보세요.

코딩런 미션 해결하기

01 [장면1]에서 오브젝트를 클릭했을 때 신호를 보내고 크기를 변경한 후 모양을 숨기도록 '결과 확인' 오브젝트에 코드를 작성해 보세요.

● 실습 및 완성 파일 : [05차시] 폴더

◆HINT◆
오브젝트를 클릭하면 '선택완료' 신호를 보낸 후 크기를 0.2초 간격으로 -10에서 10만큼 바꾸고 모양을 숨겨요.

02 [장면1]에서 장면이 시작되면 글쓰기를 하고, 신호를 받으면 글쓰기 후 '키재기' 신호를 보내도록 '글상자' 오브젝트에 코드를 작성해 보세요.

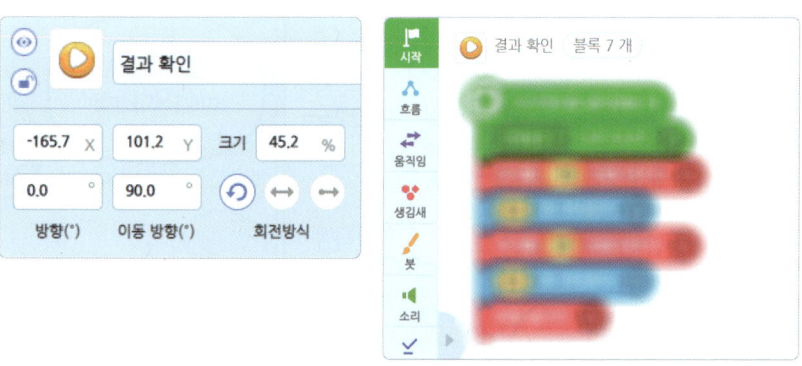

◆HINT◆
❶ 장면이 시작되면 '키 성장에 도움이 되는 음식을 클릭해 보세요.'라고 글을 써요.
❷ '선택완료' 신호를 받으면 '키가 얼마나 커졌는지 확인해 볼까요?'라고 글을 쓰고 3초를 기다린 후 결과를 확인하기 위해 '키재기' 신호를 보내요.

03 오른손잡이는 오른손과 왼손 중에서 어느 손의 손톱이 더 빨리 자랄까요?

마찰력을 이용하여 동전 게임하기

ENTRY

학습목표
- Spacebar 를 눌렀을 때 y 좌표값을 바꾸고 변수값에 1만큼 더할 수 있습니다.
- 신호를 받았을 때 정해진 시간 동안 지정된 위치로 이동할 수 있습니다.
- 오브젝트를 클릭했을 때 변수값을 비교하여 신호를 보낼 수 있습니다.

오늘의 과학TOON — 꼬질꼬질 시합

실습 및 완성 파일 : [06차시] 폴더

Spacebar를 눌러 오브젝트의 위치를 변경하고 변숫값 증가시키기

01 엔트리를 실행하여 [실습 및 완성파일]-[06차시] 폴더에서 **동전 마찰력.ent** 파일을 불러온 후 [장면1]에서 동전1을 클릭해요.

02 시작에서 게임시작 신호를 받았을 때를 블록 조립소로 드래그한 후 **시작**으로 변경해요. 이어서, 생김새에서 안녕! 을(를) 4 초 동안 말하기를 연결한 후 내용(**스페이스바를 눌러!**)과 초(**2**)를 변경해요.

03 Spacebar가 눌러져 있는지 확인하기 위해 흐름에서 계속 반복하기를 연결한 후 만일 참 (이)라면을 안쪽에 연결해요. 이어서, 판단에서 q▼ 키가 눌러져 있는가?를 참에 끼워 넣은 후 **스페이스**로 변경해요.

04 Spacebar를 누르면 '동전1'이 위-아래로 움직이도록 움직임에서 y 좌표를 10 만큼 바꾸기 2개를 안쪽에 연결한 후 **60**과 **-60**으로 변경해요. 이어서, 흐름에서 2 초 기다리기를 블록 가운데 사이에 연결한 후 **0.1**로 변경해요.

TIP

Spacebar를 누를 때마다 0.1초 간격으로 y 좌푯값을 '60'과 '-60'만큼 바꾸기 때문에 '동전1' 오브젝트가 위-아래로 움직여요.

05 동전을 위-아래로 비볐을 때 마찰력을 증가시키기 위해  에서 `정지▼ 에 10 만큼 더하기` 를 연결한 후 **동전1**과 **1**로 변경해요.

> **TIP**
> [과학상식]을 선택하고 ▶시작하기 를 클릭한 후 Spacebar 를 눌러보세요.

STEP 02 '정지' 신호를 받았을 때 코드 작성하기

01 **동전1**이 선택된 상태에서 시작 에서 `게임시작▼ 신호를 받았을 때` 를 블록 조립소로 드래그한 후 **정지**로 변경해요. 이어서, 흐름 에서 `2 초 기다리기` 를 연결한 후 **0.5**로 변경해요.

> **TIP**
> '게임시작' 오브젝트를 클릭하면 마찰력을 이용하여 동전 게임을 할 수 있도록 '정지' 신호를 보내요.

02 동전의 모양을 바꾸고 위치를 변경하기 위해 생김새 에서 `동전1▼ 모양으로 바꾸기` 를 연결한 후 **동전1-1**로 변경해요. 이어서, 움직임 에서 `2 초 동안 x: 10 y: 10 위치로 이동하기` 를 연결하고 초(**0.5**), x값(**50**), y값(**0**)을 변경해요.

> **TIP**
> '정지' 신호를 받으면 모양을 바꾸고 0.5초 동안 동전 게임 시작 위치(회색 받침대)로 이동해요.

03 동전 게임을 시작하기 위해 시작에서 게임시작 신호 보내기를 연결해요.

> **TIP**
> '동전1' 오브젝트가 회색 받침대로 이동하면 다른 동전들과 게임을 할 수 있도록 '게임시작' 신호를 보내요.

STEP 03 '게임시작' 신호를 받았을 때 코드 작성하기

01 동전1이 선택된 상태에서 시작에서 게임시작 신호를 받았을 때를 블록 조립소로 드래그 한 후 흐름에서 2초 기다리기를 연결하고 **0.5**로 변경해요.

02 마찰력을 이용하여 지정된 위치로 이동시키기 위해 움직임에서 2초 동안 x: 10 y: 10 위치로 이동하기를 연결하고 x값(**50**)과 y값(**-60**)을 변경해요.

03 계산에서 10 / 10을 초에 끼워 넣은 후 자료에서 정지▼ 값을 왼쪽 10에 끼워 넣고 **동전1**로 변경해요.

> **TIP**
> '동전1' 변수값에 저장된 마찰력을 10으로 나눠서(예: 20/10=2) 초로 사용해요. '동전1'은 해당 값(초) 동안 회색 받침대 아래쪽으로 이동해요.

STEP 04 '게임시작' 오브젝트를 클릭하여 '정지' 신호 보내기

01 게임 시작을 선택한 후 시작에서 오브젝트를 클릭했을 때 를 블록 조립소로 드래그해요. 이어서, 생김새 에서 크기를 10 만큼 바꾸기 를 연결한 후 –5로 변경해요.

02 크기를 축소한 후 원래 크기로 되돌리기 위해 흐름 에서 2 초 기다리기 를 연결하여 0.2로 변경한 후 생김새 에서 원래 크기로 되돌리기 를 연결해요.

> **TIP**
> 오브젝트를 클릭하면 크기를 줄였다가 0.2초 뒤에 다시 원래 크기로 되돌려요.

03 조건을 판단하기 위해 흐름 에서 만일 참 (이)라면 을 연결한 후 판단 에서 10 > 10 를 참에 끼워 넣어요.

42

04 자료에서 `정지▼ 값`을 왼쪽 10에 끼워 넣고 **동전1**로 변경한 후 **오른쪽 10**을 **0**으로 변경해요. 이어서, 시작에서 `게임시작▼ 신호 보내기`를 안쪽에 연결한 후 **정지**로 변경해요.

> **TIP**
> 오브젝트를 클릭했을 때 '동전1' 변수값이 '0'보다 크면 마찰력 작업을 멈추고 게임 준비를 위해 '정지' 신호를 보내요.

05 '정지' 신호를 보낸 후 **동전2**와 **동전3**의 마찰력 반복을 멈추기 위해 자료에서 `정지▼ 를 10 (으)로 정하기`를 연결한 후 **1**로 변경해요. 이어서, 생김새에서 `모양 숨기기`를 맨 아래쪽에 연결해요.

> **TIP**
> '게임 시작' 오브젝트를 클릭했을 때 '동전1' 변수값(마찰력)이 '0'보다 크면 동전 게임을 하기 위해 '동전2'와 '동전3' 오브젝트에 '정지' 신호를 보내고, 마찰력 반복을 작업을 멈추기 위해 '정지' 변수값을 '1'로 정해요. '동전2'와 '동전3' 오브젝트는 '정지' 변수값이 '1'이 될 때까지 마찰력 작업을 계속 반복해요.

06 첫 번째 장면인 **[과학상식]**을 선택하고 `▶ 시작하기`를 클릭한 후 `Spacebar`를 빠르게 눌러 마찰력이 높아지면 '게임 시작' 버튼을 클릭해 보세요.

미션 해결하기

01 [장면1]에서 Spacebar 를 눌렀을 때 변수값에 1만큼 더하고 y좌표값이 변경되도록 '종이2' 오브젝트에 코드를 추가해 보세요.

● 실습 및 완성 파일 : [06차시] 폴더

◆HINT◆
만일 스페이스 키가 눌러져 있다면 '마찰력' 변수값에 '1'만큼 더하고 0.1초 간격으로 y좌표를 30과 -30만큼 바꿔서 오브젝트가 위-아래로 빠르게 움직여요.

02 오브젝트를 클릭했을 때 크기를 변경하고 변수값을 판단하여 신호를 보내도록 '시작 버튼' 오브젝트에 코드를 작성해 보세요.

◆HINT◆
❶ 오브젝트를 클릭했을 때 크기를 -5만큼 바꾼 후 0.1초 후 원래 크기로 되돌려요.
❷ 만일 '마찰력' 변수값이 '0'보다 크면 '정지' 신호를 보내요.

03 동전에 마찰력이 생기게 하려면 어떻게 해야 할까요?

CHAPTER 07 삶은 달걀과 날달걀을 구분하기

학습목표
- 신호를 받았을 때 무작위 수만큼 오브젝트를 회전시킬 수 있습니다.
- 오브젝트를 클릭했을 때 변수 및 신호를 처리할 수 있습니다.
- 변수값을 판단하여 '참'일 때와 '거짓'일 때의 모양을 다르게 바꿀 수 있습니다.

오늘의 과학 TOON — 삶은 달걀이야? 날달걀이야?

실습 및 완성 파일 : [07차시] 폴더

'1번 문제' 신호를 받았을 때 코드 작성하기

01 엔트리를 실행하여 [실습 및 완성파일]-[07차시] 폴더에서 **삶은 달걀.ent** 파일을 불러온 후 [장면1]에서 **달걀1**을 클릭해요.

02 시작 에서 '선택 신호를 받았을 때'를 블록 조립소로 드래그한 후 **1번 문제**로 변경해요. 이어서, 생김새 에서 '모양 보이기'를 연결해요.

03 '달걀1'을 무작위 수만큼 반복하여 25도로 회전시키기 위해 흐름 에서 '2 초 기다리기'와 '10 번 반복하기'를 연결하고 초를 3으로 변경해요.

04 계산 에서 '0 부터 10 사이의 무작위 수'를 10에 끼워 넣은 후 값을 200과 300으로 변경해요. 이어서, 움직임 에서 '방향을 90° 만큼 회전하기'를 안쪽에 연결한 후 25로 변경해요.

> **TIP**
> '1번 문제' 신호를 받으면 실행화면에 나타나 200~300 사이의 무작위 수만큼 반복하여 25도로 회전해요.

05 0.01초 간격으로 회전한 후 신호를 보내기 위해 [호름]에서 [2 초 기다리기]를 연결한 후 **0.01**로 변경해요. 이어서, [시작]에서 [선택▼ 신호 보내기]를 맨 아래쪽에 연결해요.

> **TIP**
> '1번 문제' 신호를 받았을 때 '계란1' 오브젝트를 회전시킨 후 삶은 달걀을 찾아서 선택할 수 있도록 '선택' 신호를 보내요.

STEP 02 '선택' 신호를 받았을 때 코드 작성하기

01 달걀1이 선택된 상태에서 [시작]의 [선택▼ 신호를 받았을 때]를 블록 조립소로 드래그해요. 이어서, [호름]에서 [계속 반복하기]를 연결한 후 [만일 참 (이)라면]을 안쪽에 연결해요.

02 오브젝트를 클릭했는지 판단하기 위해 에서 [오브젝트를 클릭했는가?]를 참에 끼워 넣어요.

03 오브젝트를 클릭했을 때 말을 하고 변수값을 증가시키기 위해 [생김새]에서 [안녕! 을(를) 4 초 동안 말하기]를 안쪽에 연결한 후 내용(**삶은 달걀일까? 날달걀일까?**)과 초(**2**)를 변경해요. 이어서, [자료]에서 [정답수▼ 에 10 만큼 더하기]를 연결한 후 **1**로 변경해요.

> **TIP**
> 오브젝트를 클릭하면 2초 동안 말을 한 후 '정답수' 변수값에 1만큼 더해요. '정답수' 변수값에 1을 더한 이유는 선택한 달걀이 삶은 달걀이기 때문이에요.

04 2번 문제로 넘어가기 위해 [흐름]에서 [2 초 기다리기]와 [시작]에서 [선택▼ 신호 보내기]를 연결한 후 초(**1**)와 신호(**2번 문제**)를 변경해요. 이어서, [생김새]에서 [모양 숨기기]를 연결해요.

> **TIP**
> 1번 문제에 대한 달걀 선택이 완료되면 '빛 달걀' 오브젝트로 '2번 문제' 신호를 보낸 후 모양을 숨겨요.

05 '2번 문제' 신호를 보낸 후 다음 문제 출제를 위해 모양을 숨겨야 하므로 [시작]에서 [선택▼ 신호를 받았을 때]를 블록 조립소로 드래그하여 **2번 문제**로 변경해요.

06 [생김새]에서 [모양 숨기기]를 연결한 후 첫 번째 장면인 **[과학상식]**을 선택하고 [▶시작하기]를 클릭하여 코드 결과를 확인해 보세요.

> **TIP**
> 달걀 오브젝트는 '달걀1'과 '달걀2'로 구분되어 있어요. 2개의 달걀 중 선택된 1개의 달걀은 모양이 바로 숨겨지지만 선택받지 못한 남은 달걀은 '2번 문제' 신호를 받았을 때 숨겨져요.

STEP 03 '삶은 달걀'을 선택했는지 결과 알아보기

01 달걀 결과를 선택한 후 에서 선택▼ 신호를 받았을 때 를 블록 조립소로 드래그한 후 **결과**로 변경해요. 이어서, 생김새 에서 모양 보이기 를 연결해요.

02 달걀을 아래쪽으로 이동시키기 위해 호름 에서 2 초 기다리기 를 연결한 후 움직임 에서 2 초 동안 x: 10 y: 10 만큼 움직이기 를 연결하고 초(0.05), x값(0), y값(-50)을 변경해요.

> **TIP**
> '빛 달걀' 오브젝트에서 '결과' 신호를 보내면 숨겨진 모양을 실행화면에 보이게 한 후 2초 뒤에 0.05초 동안 아래쪽으로 -50만큼 움직여요.

03 모양을 변경하기 위해 [생김새]에서 [달걀 결과1▼ 모양으로 바꾸기]와 [호름]에서 [2 초 기다리기]를 연결한 후 모양(**달걀 결과2**)과 초(**0.1**)를 변경해요.

04 변수값을 판단하기 위해 [호름]에서 [만일 참 (이)라면 아니면]을 연결한 후 [판단]에서 [10 = 10]를 참에 끼워 넣어요. 이어서, [자료]에서 [정답수▼ 값]을 왼쪽 10에 끼워 넣고 **오른쪽 10**은 **2**로 변경해요.

05 '정답수' 변수값에 따라 모양을 바꾸기 위해 [생김새]에서 [달걀 결과1▼ 모양으로 바꾸기]를 (이)라면과 아니면 안쪽에 각각 연결한 후 그림처럼 모양을 **달걀 결과3**과 **달걀 결과4**로 변경해요.

> **TIP**
> '정답수' 변수값이 '2'이면 삶은 달걀 2개를 모두 찾았기 때문에 '달걀 결과3'으로 모양을 바꾸고, 그렇지 않으면 '달걀 결과4'로 모양을 바꿔요.

06 첫 번째 장면인 [**과학상식**]을 선택하고 [▶시작하기]를 클릭하여 삶은 달걀을 찾아 선택해 보세요.

01 [장면1]에서 '1번 문제' 신호를 받았을 때 모양이 보이고 0.5초 동안 10번 반복하여 위-아래로 10만큼 움직이도록 '달걀1' 오브젝트에 코드를 작성해 보세요.

● 실습 및 완성 파일 : [07차시] 폴더

◆ HINT ◆
1. '1번 문제' 신호를 받으면 실행화면에 모양이 보여요.
2. 10번을 반복하여 0.5초 동안 x는 0, y는 -10만큼 움직인 후 다시 0.5초 동안 x는 0, y는 10만큼 움직여요.

02 오브젝트를 클릭했을 때 '정답' 변수값에 '1'을 더하고 '2번 문제' 신호를 보낸 후 모양을 숨기도록 '달걀1' 오브젝트에 코드를 작성해 보세요.

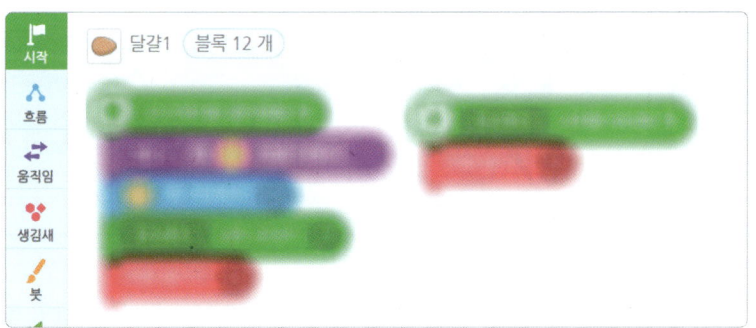

◆ HINT ◆
1. 오브젝트를 클릭했을 때 '정답' 변수값에 '1'만큼 더한 후 1초 뒤에 '2번 문제' 신호를 보내고 모양을 숨겨요.
2. '2번 문제' 신호를 받았을 때 모양을 숨겨요.

03 삶은 달걀과 날달걀 중에서 삶은 달걀을 찾는 방법을 적어보세요.

CHAPTER 08 많이 웃으면 왜 배가 아플까?

학습목표
- 오브젝트를 클릭했을 때 크기와 변수를 변경할 수 있습니다.
- 2개의 변수 조건을 모두 만족했을 때 모양을 바꾸고 말을 할 수 있습니다.
- 변수값이 조건에 만족하였을 때 모든 코드를 멈출 수 있습니다.

ENTRY

오늘의 과학TOON 웃음 방구 뿌아앙

실습 및 완성 파일 : [08차시] 폴더

오브젝트를 클릭했을 때 크기와 변수값 변경하기

01 엔트리를 실행하여 [실습 및 완성파일]-[08차시] 폴더에서 **간지럼.ent** 파일을 불러온 후 **[장면1]**에서 **남자아이**를 클릭해요.

02 [시작]에서 [장면이 시작되었을 때]를 블록 조립소로 드래그한 후 [흐름]에서 [계속 반복하기]를 연결하고 [만일 참 (이)라면]을 안쪽에 연결해요.

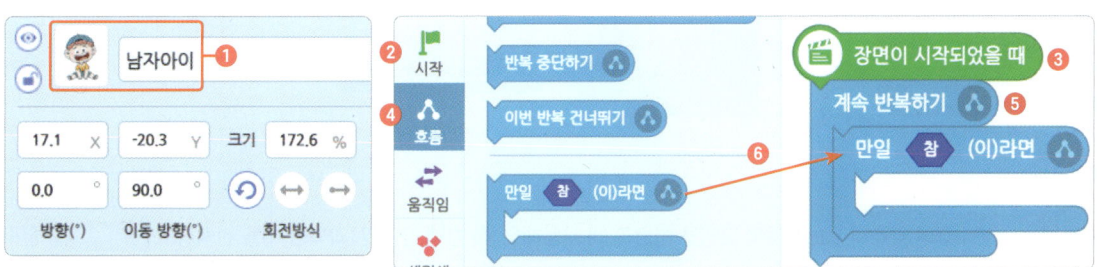

03 오브젝트를 클릭했을 때 크기를 변경하기 위해 [판단]에서 [오브젝트를 클릭했는가?]를 **참**에 끼워 넣은 후 [생김새]에서 [크기를 10 만큼 바꾸기]를 안쪽에 연결하여 **-5**로 변경해요.

04 작아진 크기를 원래 크기로 되돌리기 위해 [흐름]에서 [2초 기다리기]를 연결하여 **0.2**로 변경한 후 [생김새]에서 [원래 크기로 되돌리기]를 연결해요.

> **TIP**
> '남자아이'를 클릭하면 크기를 -5만큼 줄였다가 0.2초 뒤에 다시 원래 크기로 되돌려요.

05 오브젝트를 클릭할 때마다 변수값을 증가시키기 위해 ?자료 에서 간지럼▼ 에 10 만큼 더하기 를 연결한 후 **1**로 변경해요.

> **TIP**
> '간지럼' 변수는 변수값에 맞추어 오브젝트의 모양을 변경할 때 사용해요. 첫 번째 장면인 [과학상식]을 선택하고 ▶시작하기 를 클릭하여 코드를 확인해 보세요.

 2가지 조건을 모두 만족했을 때 모양을 바꾸고 말을 하기

01 **남자아이**가 선택된 상태에서 시작 에서 장면이 시작되었을 때 를 블록 조립소로 드래그해요. 이어서, 생김새 에서 안녕! 을(를) 4 초 동안 말하기 를 연결한 후 내용(**난 간지럼을 안타지~**)과 초(**2**)를 변경해요.

02 '참'인지 판단하기 위해 흐름 에서 계속 반복하기 를 연결한 후 만일 참 (이)라면 을 안쪽에 연결해요.

03 2개의 조건을 동시에 만족하는지 판단하기 위해 판단 에서 참 그리고▼ 참 을 **참**에 끼워 넣어요. 이어서, 10 > 10 는 **왼쪽 참**에 끼워 넣고 10 ≤ 10 는 **오른쪽 참**에 끼워 넣어요.

04 '간지럼' 변수값을 판단하기 위해 자료 에서 간지럼▼ 값 을 **양쪽 왼쪽 10**에 끼워 넣은 후 **오른쪽 10**만 **20**으로 변경해요.

> **TIP**
> '간지럼' 변수값이 10보다 크고 20보다 작거나 같은지(11~20) 판단해요.

05 조건에 만족하면 모양을 바꾸고 말을 하기 위해 생김새 에서 남자아이1▼ 모양으로 바꾸기 를 안쪽에 연결한 후 **남자아이2**로 변경해요. 이어서, 안녕! 을(를) 4 초 동안 말하기▼ 를 연결한 후 내용(**아하하하하하~!**)과 초(**2**)를 변경해요.

> **TIP**
> '간지럼' 변수값이 11~20 사이이면 '남자아이2'로 모양을 바꾸고 2초 동안 말을 해요.

08 많이 웃으면 왜 배가 아플까? **55**

06 코드를 복사하기 위해  위에서 마우스 오른쪽 버튼을 눌러 [**코드 복사 & 붙여넣기**]를 클릭한 후 복사된 코드를 아래쪽에 연결해요.

07 변수 판단 값을 **왼쪽**은 20, **오른쪽**은 30으로 변경해요. 이어서, 모양(**남자아이3**)과 말하기 내용(**그만 간지럽혀! 하하하**)을 변경해요.

STEP 03 변수값이 지정된 값 이상일 때 모든 코드 멈추기

01 같은 방법으로 코드를 복사하여 아래쪽에 연결한 후 `간지럼 값 > 20`만 드래그하여 분리하고 나머지 블록은 휴지통으로 드래그하여 삭제해요.

> **TIP**
> 블록을 분리할 때는 마우스 커서가 손 모양(`간지럼 값 > 20 그리고`)일 때 드래그해요.

02 분리한 `간지럼▼ 값 > 20` 을 참에 끼워 넣고 값(**30**)과 모양(**남자아이4**)을 변경해요. 이어서, `그만 간지럽혀! 하하하 을(를) 2 초 동안 말하기▼` 블록을 휴지통으로 드래그하여 삭제해요.

03 생김새에서 `안녕! 을(를) 말하기▼` 를 연결한 후 **너무 웃었더니 배가 아파 ㅠㅠ**로 변경해요.

04 조건(30초과)에 만족하면 모든 코드를 멈추기 위해 호름에서 `모든▼ 코드 멈추기` 를 연결해요.

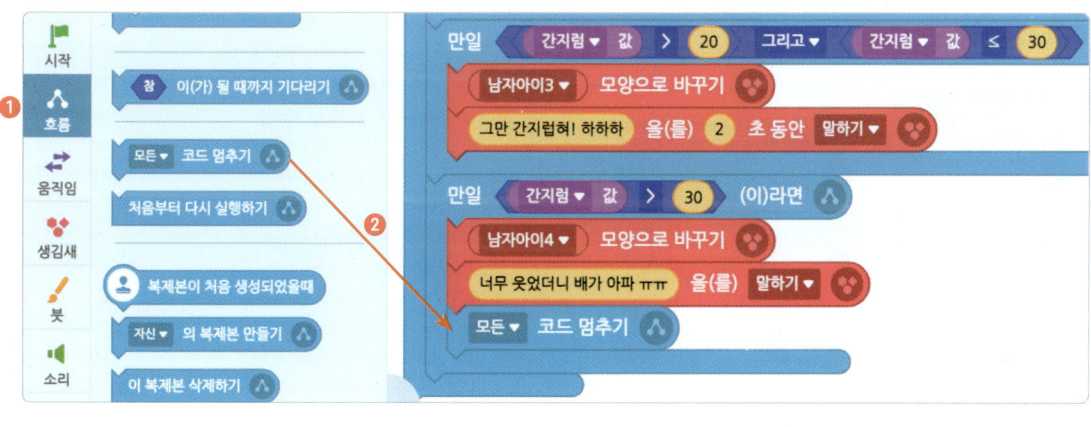

> **TIP**
> '간지럼' 변수값이 30보다 크면 모양을 '남자아이4'로 바꾸고 말을 한 후 모든 코드를 멈춰요.

05 첫 번째 장면인 **[과학상식]**을 선택하고 `▶ 시작하기` 를 클릭한 후 남자아이를 마우스로 계속 클릭해 보세요.

미션 해결하기

01 [장면1]에서 신호를 받았을 때 변수값이 8~10 사이일 경우 모양을 바꾸고 말을 하도록 '잠자는 아이' 오브젝트에 코드를 작성해 보세요.

● 실습 및 완성 파일 : [08차시] 폴더

✦HINT✦
① '깨우기' 신호를 받았을 때 '잠자는 시간' 변수값이 '8' 이상 그리고 '10' 이하인지 판단해요.
② 2가지 조건을 모두 만족하면 오브젝트 모양을 '잠자는 아이2'로 변경하고 "아~ 개운하다!"를 2초 동안 말해요.

02 '잠자는 시간' 변수값을 이용하여 모양을 바꾸고 말을 하도록 01번 코드 아래쪽에 코드를 연결하여 추가해요.

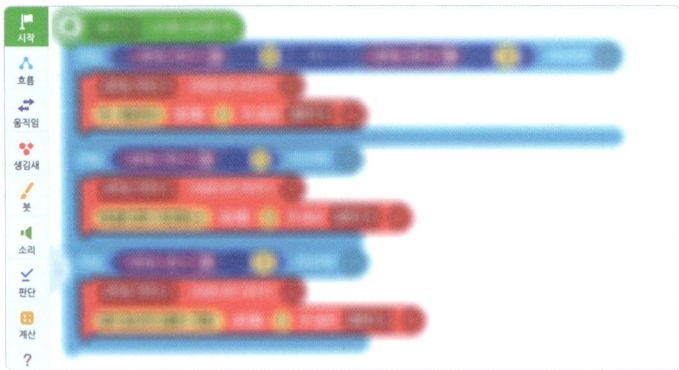

✦HINT✦
① '잠자는 시간' 변수값이 '7' 이하이면 오브젝트 모양을 '잠자는 아이4'로 변경하고 "왜 벌써 깼지. 피곤해ㅠㅠ"를 2초 동안 말해요.(01번 코드를 복제하여 변경해도 돼요.)
② '잠자는 시간' 변수값이 '11' 이상이면 오브젝트 모양을 '잠자는 아이3'으로 변경하고 "많이 잤는데 더 졸려~ 아함~"을 2초 동안 말해요.

03 너무 많이 웃었을 때 배가 아픈 이유는 무엇일까요?

CHAPTER 09
엘리베이터 추락 시 대처 방법은?

ENTRY

학습목표
- 초시계를 시작하고 정지할 수 있습니다.
- 초시계를 이용하여 시간을 판단한 후 변숫값을 변경할 수 있습니다.
- Spacebar 를 눌렀을 때 모양을 바꾸고 반복을 중단할 수 있습니다.

오늘의 과학 TOON — 엘리베이터에선 장난 금지!

실습 및 완성 파일 : [09차시] 폴더

초시계 값을 비교하여 변수값 정하기

01 엔트리를 실행하여 [실습 및 완성파일]-[09차시] 폴더에서 **엘리베이터.ent** 파일을 불러온 후 [**장면1**]에서 **사람**을 클릭해요.

02 시작에서 `장면이 시작되었을 때`를 블록 조립소로 드래그한 후 계산에서 `초시계 숨기기`를 연결해요.

> **TIP**
> 장면이 시작되면 실행화면에서 초시계가 보이지 않게 숨겨요.

03 2~5초 사이에 신호를 보내기 위해 흐름에서 `2 초 기다리기`를 연결한 후 계산에서 `0 부터 10 사이의 무작위 수`를 2에 끼워 넣고 값을 2와 5로 변경해요.

04 신호를 보내고 '참'인지 판단하기 위해 시작에서 `추락끝▼ 신호 보내기`를 연결한 후 **추락**으로 변경해요. 이어서, 흐름에서 `계속 반복하기`를 연결한 후 `만일 참 (이)라면`을 안쪽에 연결해요.

> **TIP**
> 장면이 시작되면 초시계를 숨기고 2~5초 사이를 기다렸다가 '추락' 신호를 보내요.

05 2개의 조건을 동시에 확인하기 위해 판단에서 참 그리고▼ 참 을 참에 끼워 넣어요. 이어서, 10 ≤ 10 는 **왼쪽 참**에 끼워 넣고 q▼ 키가 눌러져 있는가? 는 **오른쪽 참**에 끼워 넣어요.

06 초시계 값과 스페이스 키를 판단하기 위해 계산에서 초시계 값 을 **왼쪽 10**에 끼워 넣고 오른쪽 10은 **0.5**로 변경해요. 이어서, **q 키**를 **스페이스**로 변경해요.

07 2개의 조건을 동시에 만족하면 변수값을 1로 정하기 위해 자료에서 엎드리기▼ 를 10 (으)로 정하기 를 안쪽에 연결한 후 1로 변경해요.

> **TIP**
> 초시계 값이 '0.5' 이하일 때 Spacebar 를 눌렀다면 '엎드리기' 변수값을 '1'로 정해요.

'추락' 신호를 받았을 때 코드 작성하기

01 **사람**이 선택된 상태에서 [시작]의 `추락끝 신호를 받았을 때`를 블록 조립소로 드래그한 후 **추락**으로 변경해요. 이어서, [계산]에서 `초시계 시작하기`를 연결해요.

> **TIP**
> '추락' 신호를 받으면 '초시계'가 시작돼요.

02 [Spacebar]가 눌러져 있는지 판단하기 위해 [흐름]에서 `계속 반복하기`를 연결한 후 `만일 참 (이)라면`을 안쪽에 연결해요. 이어서, [판단]에서 `q 키가 눌러져 있는가?`를 **참**에 끼워 넣은 후 **스페이스**로 변경해요.

03 [Spacebar]를 눌렀을 때 모양을 바꾸기 위해 [생김새]에서 `사람1 모양으로 바꾸기` 2개를 안쪽에 연결한 후 **사람2**와 **사람3**으로 변경해요. 이어서, [흐름]에서 `2 초 기다리기`를 모양 바꾸기 사이에 연결한 후 **0.2**로 변경해요.

> **TIP**
> '추락' 신호를 받았을 때 [Spacebar]를 누르면 바닥에 엎드리는 모양(사람2 → 사람3)으로 바뀌어요.

04 '사람3'으로 모양이 바뀌면 반복을 중단하기 위해 [호름]에서 [반복 중단하기]를 연결해요.

> **TIP**
> 첫 번째 장면인 [과학상식]을 선택하고 ▶시작하기 를 클릭하여 코드 결과를 확인해 보세요.

STEP 03 '추락끝' 신호를 받았을 때 코드 작성하기

01 사람이 선택된 상태에서 의 [추락끝▼ 신호를 받았을 때]를 블록 조립소로 드래그해요. 이어서, [계산]에서 [초시계 시작하기▼]를 연결한 후 **정지하기**로 변경해요.

> **TIP**
> '추락끝' 신호를 받으면 초시계를 정지해요.

02 변수값을 판단하기 위해 [호름]에서 [계속 반복하기]를 연결한 후 [만일 참 (이)라면]을 안쪽에 연결해요. 이어서, [판단]에서 ⟨10 = 10⟩를 **참**에 끼워 넣어요.

03 [자료]에서 [엎드리기▼ 값]을 **왼쪽 10**에 끼워 넣고 **오른쪽 10은 1**로 변경해요. 이어서, [호름]에서 [2 초 기다리기]를 안쪽에 연결한 후 **1**로 변경해요.

> **TIP**
> '추락끝' 신호를 받았을 때 '엎드리기' 변수값이 '1'인지 판단해요.

04 조건에 맞으면 모양을 변경하기 위해 ![생김새]에서 [사람1▼ 모양으로 바꾸기] 와 [안녕! 을(를) 4 초 동안 말하기▼] 를 연결한 후 ![흐름]에서 [모든▼ 코드 멈추기] 를 연결해요. 이어서, 모양(**사람4**)을 변경한 후 내용(**휴~ 살았다!**)과 초(**2**)를 변경해요.

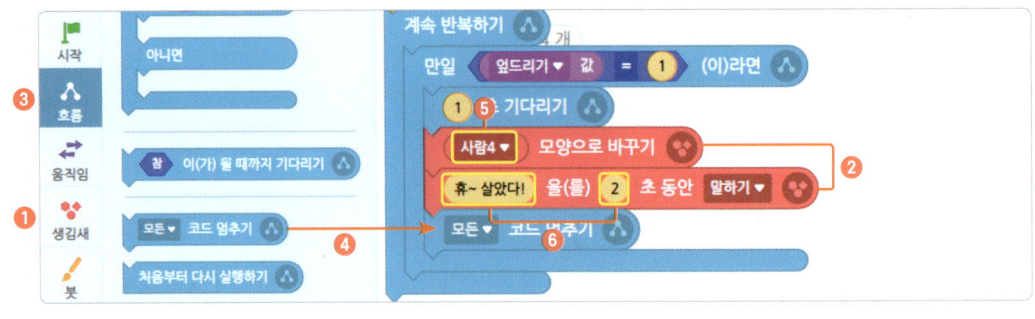

> **TIP**
> '추락끝' 신호를 받았을 때 '엎드리기' 변수값이 '1'이면 모양을 바꾸고 말을 한 후 더 이상 실행되지 않도록 모든 코드를 멈춰요.

05 코드를 복사하여 변수값이 '0'인 경우를 처리하기 위해 [만일 참 (이)라면] 위에서 마우스 오른쪽 버튼을 눌러 [**코드 복사 & 붙여넣기**]를 클릭한 후 아래쪽에 연결해요. 이어서, 복사된 코드에서 변수 비교값(**0**) 및 모양(**사람5**)과 내용(**빨리 엎드렸어야 했는데 ㅠㅠ**)을 변경해요.

06 첫 번째 장면인 [**과학상식**]을 선택하고 ▶시작하기 를 클릭하여 엘리베이터가 흔들릴 때 빠르게 Spacebar 를 눌러요.

미션 해결하기

01 [장면1]에서 신호를 받고 초시계 값이 0.5 이하일 때 Spacebar 를 눌렀다면 변수값을 1로 정하도록 '케이블카 사람1' 오브젝트에 코드를 작성해 보세요.

● 실습 및 완성 파일 : [09차시] 폴더

◆ HINT ◆
① '추락' 신호를 받았을 때 초시계가 시작돼요.
② 만일 초시계 값이 '0.5' 이하이고 그리고 스페이스 키가 눌러져 있다면 '엎드리기' 변수값을 1로 정해요.

02 Spacebar 를 눌렀을 때 모양을 바꾸고 반복을 중단하도록 01번 코드 아래쪽에 코드를 연결하여 추가해요.

◆ HINT ◆
① 만일 스페이스 키가 눌러져 있다면 모양을 '케이블카 사람2'로 바꾼 후 0.2초 뒤에 '케이블카 사람3'으로 바꿔요.
② '케이블카 사람3'으로 모양이 바뀌면 반복을 중단해요.

03 갑자기 엘리베이터가 추락할 때 어떻게 해야 생존 확률을 높일 수 있을까요?

CHAPTER 10 고양이 언어를 통역할 수 있을까요?

ENTRY

학습목표
- 신호를 받았을 때 소리를 재생하고 크기를 변경할 수 있습니다.
- 무작위 수와 변수값을 비교하여 특정 내용을 글로 쓸 수 있습니다.
- 오브젝트를 클릭했을 때 1초 동안 지정된 x-y 위치로 이동시킬 수 있습니다.

오늘의 과학 TOON 애옹, 네가 뭘 알겠냐옹

실습 및 완성 파일 : [10차시] 폴더

신호를 받았을 때 소리를 재생하고 모양 변경하기

01 엔트리를 실행하여 [실습 및 완성파일]-[10차시] 폴더에서 **고양이 통역기.ent** 파일을 불러온 후 [**장면1**]에서 **신호**를 클릭해요.

02 에서 `통역오류 신호를 받았을 때`를 블록 조립소로 드래그한 후 **통역**으로 변경해요. 이어서, 에서 `모양 보이기`를 연결해요.

> **TIP**
> '고양이' 오브젝트에서 '통역' 신호를 보내면 숨겨져 있던 모양이 실행화면에 나타나요.

03 고양이 언어를 통역할 때 소리를 재생하기 위해 에서 `소리 로봇 재생하기`를 연결한 후 에서 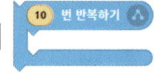를 연결하고 **4**로 변경해요.

04 세로 크기를 4번 변경하기 위해 에서 `가로를 10만큼 늘리기` 2개를 안쪽에 연결한 후 모양(**세로**)과 값(**10, -10**)을 변경해요. 이어서, 에서 `2초 기다리기` 2개를 사이에 연결한 후 **0.2**로 변경해요.

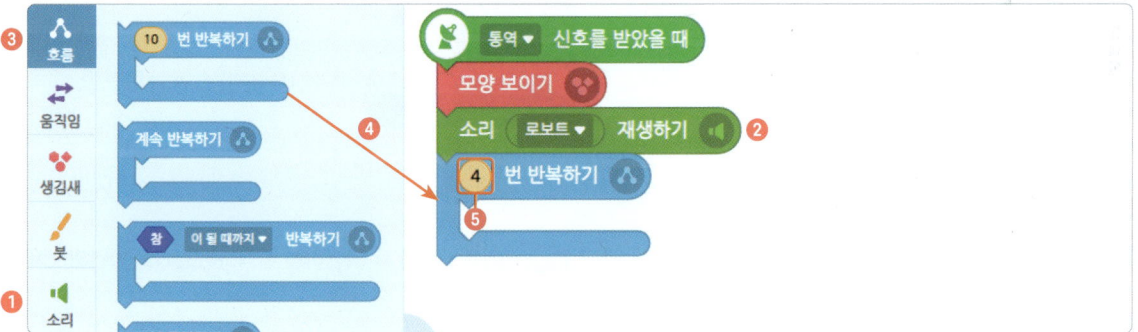

05 원래 크기로 되돌린 후 신호를 보내기 위해 생김새 에서 원래크기로되돌리기 와 모양숨기기 를 연결해요. 이어서, 흐름 에서 2초기다리기 를 블록 사이에 연결한 후 **1**로 변경해요.

> **TIP**
> 변경된 세로 크기를 원래 크기로 되돌리고 실행화면에서 보이지 않게 모양을 숨겨요.

06 모양을 숨긴 후 신호를 보내도록 시작 에서 통역오류▼ 신호보내기 를 연결한 후 **통역해줘**로 변경해요.

> **TIP**
> 모든 작업이 끝나면 '통역결과' 오브젝트로 '통역해줘' 신호를 보내요. ▶시작하기 를 선택한 후 '고양이'를 클릭하여 결과를 확인해 보세요.

 **02** 변수값을 판단하여 통역 내용 보여주기

01 **통역결과**를 선택한 후 시작 에서 통역오류▼ 신호를받았을때 를 블록 조립소로 드래그하고 **통역해줘**로 변경해요.

02 고양이 언어 통역 결과를 무작위 수로 정하기 위해 ?자료 에서 클릭2▼를 10 (으)로 정하기를 연결한 후 **통역결과**로 변경해요. 이어서, 계산 에서 0 부터 10 사이의 무작위 수를 10에 끼워 넣은 후 값을 1과 4로 변경해요.

> **TIP**
> '통역해줘' 신호를 받았을 때 '통역결과' 변수값을 1~4 사이의 무작위 수로 정해요. 변수값을 1~4 사이의 무작위 수로 정하는 이유는 고양이 언어가 정확하게 통역되지 않기 때문이에요.

03 생김새 에서 모양 보이기 와 흐름 에서 만일 참 (이)라면 을 연결한 후 판단 에서 10 = 10 를 참에 끼워 넣어요.

04 무작위 수로 선택된 '통역결과' 변수값에 맞추어 통역 내용을 보여주기 위해 ?자료 에서 클릭2▼ 값을 왼쪽 10에 끼워 넣고 **통역결과**로 변경한 후 **오른쪽 10**을 1로 변경해요. 이어서, 글상자 에서 엔트리 라고 글쓰기 가를 안쪽에 연결한 후 **통역 내용 : 배고파!**로 변경해요.

> **TIP**
> '통역결과' 변수값이 만약 '1'이라면 안쪽에 연결된 글쓰기 블록 내용(통역 내용 : 배고파!)을 실행화면에 글로 보여줘요.

05 코드를 복사하기 위해 [만일 창 (이)라면] 위에서 마우스 오른쪽 버튼을 눌러 **[코드 복사 & 붙여넣기]**를 클릭한 후 아래쪽에 연결해요. 이어서, 값(**2**)과 내용(**통역 내용 : 졸려~**)을 변경해요.

06 똑같은 방법으로 복사하여 아래쪽에 코드 2개를 더 연결한 후 그림처럼 값과 내용을 변경해요.

TIP
3번째 코드 : 값(3), 내용(통역 내용 : 놀아줘!)
4번째 코드 : 값(4), 내용(통역 내용 : 응가 마려!)

TIP
'신호' 오브젝트에서 '통역해줘' 신호를 보내면 1~4 숫자 중 무작위 수를 '통역결과' 변수값으로 정한 후 해당 값(1, 2, 3, 4)에 맞추어 통역 내용을 실행화면에 글로 보여줘요.

07 [흐름]에서 [2 초 기다리기], [시작]에서 [통역 오류 신호 보내기], [생김새]에서 [모양 숨기기]를 연결한 후 신호를 **선택**으로 변경해요.

TIP
통역 내용에 맞추어 고양이에게 필요한 물건을 선택할 수 있도록 '선택' 신호를 보내고 모양을 숨겨요.

오브젝트를 클릭했을 때 1초 동안 지정된 x-y 위치로 이동하기

01 고양이 사료를 선택한 후 [움직임]에서 [2 초 동안 x: 10 y: 10 위치로 이동하기] 2개를 [선택▼ 를 1 (으)로 정하기] 아래쪽에 연결한 후 초를 1로 변경해요.

02 [계산]에서 [통역결과▼ 의 x좌푯값▼] 2개를 위쪽 블록의 x와 y 10에 각각 끼워 넣은 후 x값(**고양이-x좌푯값**)과 y값(**고양이-y좌푯값**)을 변경해요. 이어서, 아래쪽 블록의 x값(**100**)과 y값(**30**)을 변경해요.

TIP
'선택' 신호를 받은 후 '클릭2' 변숫값이 '0'인 상태에서 '고양이 사료' 오브젝트를 클릭하면 '고양이' 오브젝트 위치로 이동했다가 다시 원래 위치로 돌아와요.

03 고양이가 원하는 물건이 맞는지 확인하기 위해 [시작]에서 [통역 오류▼ 신호 보내기]를 연결한 후 **정답**으로 변경해요.

04 첫 번째 장면인 **[과학상식]**을 선택하고 [▶ 시작하기]를 클릭하여 고양이가 원하는 물건을 찾아 선택해 보세요.

미션 해결하기

01 [장면1]에서 '정답' 신호와 '오답' 신호를 받았을 때 글쓰기로 내용을 보여줄 수 있게 '글상자' 오브젝트에 코드를 작성해 보세요.

● 실습 및 완성 파일 : [10차시] 폴더

◆ HINT ◆
❶ '정답' 신호를 받으면 "멍멍! 통역 잘 하는데~"라고 글을 써요.
❷ '오답' 신호를 받으면 "으르릉~~ 똑바로 통역 안 할거야!"라고 글을 써요.

02 [장면1]에서 '통역시작' 신호를 받았을 때 무작위 수(1~4)로 정해진 '선택' 변수값에 맞추어 모양이 변경되도록 '강아지 먹이' 오브젝트에 코드를 추가해 보세요.

 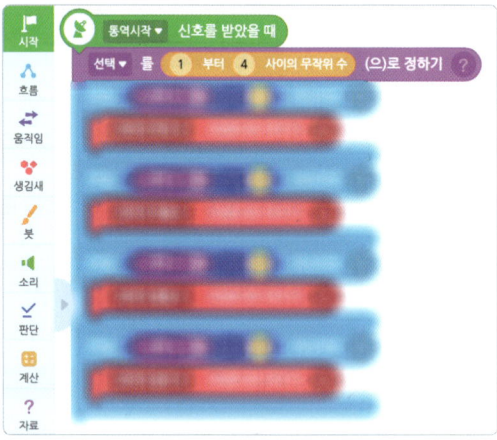

◆ HINT ◆
만일 '선택' 변수값이 '1'이면 '강아지 먹이', '2'이면 '강아지 외출', '3'이면 '강아지 졸림', '4'이면 '강아지 놀이'로 모양을 바꿔요.(코드를 복제하여 변경해도 돼요.)

03 동물의 언어를 통역하는 것이 가능할까요?

CHAPTER 11 귀여움이 스트레스를 줄여준다고?

ENTRY

학습목표
- 장면이 시작되었을 때 자신의 복제본을 생성할 수 있습니다.
- 생성된 복제본을 마우스로 클릭하여 삭제할 수 있습니다.
- 복제본이 생성되면 무작위 x-y 위치로 계속 이동할 수 있습니다.

 **승리의 귀염둥이** 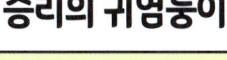 실습 및 완성 파일 : [11차시] 폴더

장면이 시작되었을 때 자신의 복제본 만들기

01 엔트리를 실행하여 [실습 및 완성파일]-[11차시] 폴더에서 **스트레스.ent** 파일을 불러온 후 [**장면1**]에서 **선물**을 클릭해요.

02 『시작』에서 『장면이 시작되었을 때』를 블록 조립소로 드래그한 후 『흐름』에서 『자신▼ 의 복제본 만들기』를 연결해요.

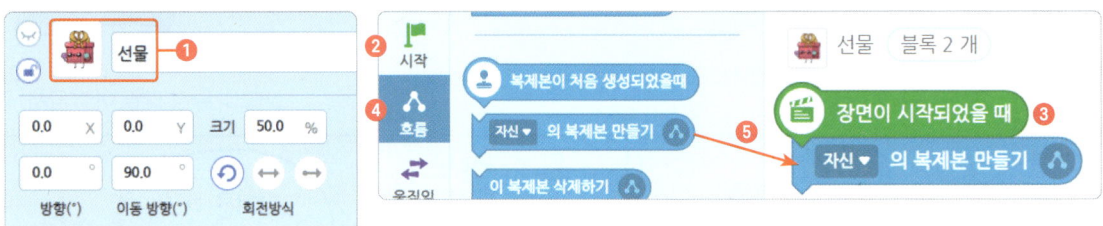

TIP 장면이 시작되면 '선물' 오브젝트의 복제본을 만들어요.

복제본이 처음 생성되었을 때 코드 작성하기

01 **선물**이 선택된 상태에서 『흐름』에서 『복제본이 처음 생성되었을때』를 블록 조립소로 드래그한 후 『2초 기다리기』를 연결해요.

TIP 『복제본이 처음 생성되었을때』 블록을 이용하기 위해서는 『자신▼ 의 복제본 만들기』가 먼저 실행되어야 해요.

02 복제본이 생성되는 시간을 1~5초 사이의 무작위 수로 정하기 위해 『계산』에서 『0 부터 10 사이의 무작위 수』를 2에 끼워 넣은 후 값을 1과 5로 변경해요. 이어서, 『움직임』에서 『x: 0 y: 0 위치로 이동하기』를 연결해요.

03 복제본이 생성될 때 무작위 위치로 이동시키기 위해 [계산]에서 [0 부터 10 사이의 무작위 수]를 양쪽 0에 끼워 넣어요. 이어서, x 좌표값(-200, 200)과 y 좌표값(100, -100)을 변경해요.

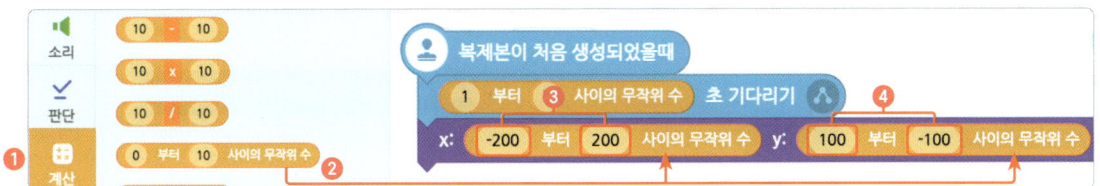

> **TIP**
> x 좌표값(-200, 200)은 실행화면의 왼쪽과 오른쪽 끝부분이며, y 좌표값(100, -100)은 실행화면의 위쪽과 아래쪽 끝부분이에요.

04 '참'인지 판단하기 위해 [생김새]에서 [모양 보이기]를 연결해요. 이어서, [흐름]에서 [계속 반복하기]를 연결한 후 [만일 참 (이)라면]을 안쪽에 연결해요.

05 2개의 조건을 동시에 판단하기 위해 [판단]에서 [참 그리고 참]을 참에 끼워 넣어요. 이어서, [마우스포인터 에 닿았는가?]는 왼쪽 참에 끼워 넣고 [마우스를 클릭했는가?]는 오른쪽 참에 끼워 넣어요.

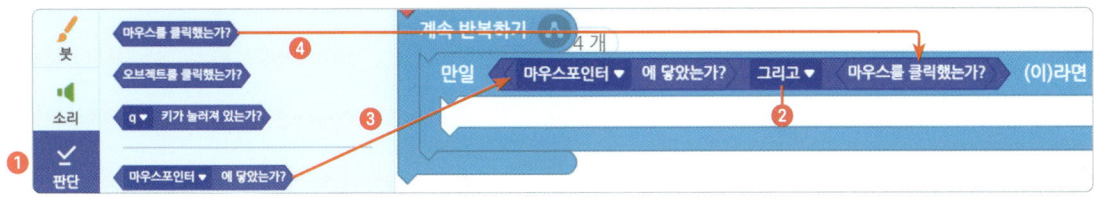

> **TIP**
> 생성된 복제본을 마우스포인터가 닿은 채 클릭했는지 판단해요.

06 '참'일 경우 복제본을 숨기고 새로운 복제본을 만들기 위해 생김새 에서 모양 숨기기 를 연결한 후 흐름 에서 자신▼ 의 복제본 만들기 를 연결해요.

07 '점수' 변수에 1을 더하고 해당 복제본을 삭제하기 위해 자료 에서 점수▼ 에 10 만큼 더하기 를 연결한 후 1로 변경해요. 이어서, 흐름 에서 이 복제본 삭제하기 를 연결해요.

> **TIP**
> 생성된 복제본을 마우스포인터가 닿은 채 클릭하면 모양을 숨기고 새롭게 자신의 복제본을 만든 후 '점수' 변수값에 '1'만큼 더하고 해당 복제본을 삭제해요.

 **복제본 위치를 계속 변경하기**

01 선물이 선택된 상태에서 흐름 에서 복제본이 처음 생성되었을때 를 블록 조립소로 드래그한 후 계속 반복하기 를 연결해요.

02 3~5초 사이를 기다리기 위해 에서 `2 초 기다리기`를 안쪽에 연결해요. 이어서, 계산에서 `0 부터 10 사이의 무작위 수`를 2에 끼워 넣은 후 값을 3과 5로 변경해요.

03 복제본의 위치를 계속 변경하기 위해 움직임에서 `x: 0 y: 0 위치로 이동하기`를 연결해요. 이어서, 계산에서 `0 부터 10 사이의 무작위 수`를 양쪽 0에 끼워 넣은 후 x 좌표값(-200, 200)과 y 좌표값(100, -100)을 변경해요.

> **TIP**
> 생성된 복제본이 3~5초 사이 간격으로 실행화면 전체 범위 안에서 무작위 위치로 계속 이동해요.

STEP 04 코드를 복제하여 다른 오브젝트에 붙여넣기

01 선물에 작성된 코드 3개를 복사하여 다른 오브젝트에 붙여넣기 위해 첫 번째 코드의 블록 위에서 마우스 오른쪽 버튼을 눌러 [**코드 복사**]를 클릭해요.

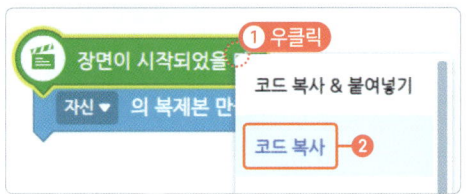

02 강아지를 선택한 후 블록 조립소에서 마우스 오른쪽 버튼을 눌러 [**붙여넣기**]를 클릭해요.

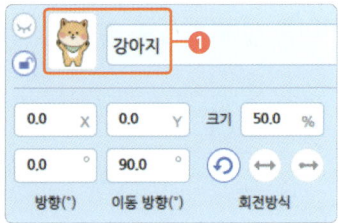  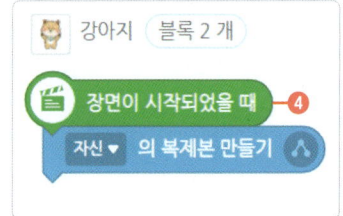

03 똑같은 방법으로 **선물**에서 나머지 2개 코드도 복사하여 **강아지**에 붙여넣어요.

04 **강아지**에 3개의 코드가 복사되면 나머지 **꽃, 화난 호랑이, 똥, 귀신** 오브젝트에도 똑같은 방법으로 3개의 코드를 복사해서 붙여 넣어요. 단, **화난 호랑이, 똥, 귀신**의 **점수** 변수값은 -1로 변경해요.

▲ '강아지' 오브젝트(코드 3개)

▲ '화난 호랑이, 똥, 귀신' 오브젝트(점수 변수값 : -1)

TIP
'화난 호랑이', '똥', '귀신' 오브젝트를 클릭하면 점수가 더해지는 것이 아니라 1점이 감점돼요.

05 첫 번째 장면인 [**과학상식**]을 선택하고 ▶시작하기 를 클릭하여 가림막 사이로 귀여운 캐릭터(선물, 강아지, 꽃)가 보이면 마우스포인터를 맞춰서 클릭해요.

01 [장면1]에서 장면이 시작되었을 때 1~3초 사이에 자신의 복제본을 만들도록 '마법책' 오브젝트에 코드를 작성해 보세요.

● 실습 및 완성 파일 : [11차시] 폴더

 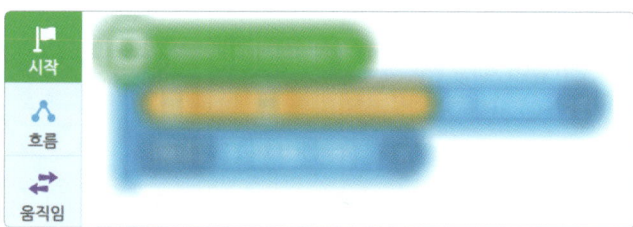

◆ HINT ◆
장면이 시작되면 1부터 3 사이의 무작위 수만큼 초를 기다렸다가 자신의 복제본을 만들어요.

02 [장면1]에서 신호를 받았을 때 '그림' 변수값을 '1' 감소시키고 실행화면에 모양이 나타나도록 '판다' 오브젝트에 코드를 작성해 보세요.

 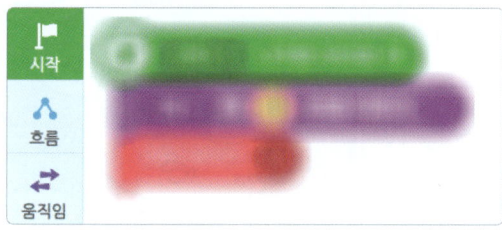

◆ HINT ◆
'선택2' 신호를 받았을 때 '그림' 변수값을 '-1'만큼 더하고 실행화면에 모양이 보여요.

03 귀여운 것을 보면 스트레스가 풀리는 이유를 간단히 적어보세요?

CHAPTER 12
비가 오면 소리가 더 잘 들리나요?

ENTRY

학습목표
- 그리기 굵기 및 색을 정한 후 그리기를 시작할 수 있습니다.
- 변수값을 이용하여 그리기에 필요한 x좌표값을 변경할 수 있습니다.
- 스페이스바로 모든 그리기를 지우고 자신의 코드를 멈출 수 있습니다.

오늘의 과학TOON 비오는 날 고백 금지

실습 및 완성 파일 : [12차시] 폴더

STEP 01 그리기 블록을 이용하여 프로그레스 바 만들기

01 엔트리를 실행하여 [실습 및 완성파일]-[12차시] 폴더에서 **소리크기.ent** 파일을 불러온 후 [장면1]에서 **소리크기**를 클릭해요.

02 [시작]에서 `장면이 시작되었을 때`를 블록 조립소로 드래그해요. 이어서, [흐름]에서 `계속 반복하기`를 연결한 후 `10번 반복하기`를 안쪽에 연결해요.

03 오브젝트의 위치를 변경하고 그리기 굵기를 정하기 위해 [움직임]에서 `x: 10 위치로 이동하기`를 안쪽에 연결한 후 **-50**으로 변경해요. 이어서, [붓]에서 `그리기 굵기를 1 (으)로 정하기`를 연결한 후 **10**으로 변경해요.

04 색을 정한 후 그리기를 시작하기 위해 [붓]에서 `채우기 색을 (으)로 정하기`와 `그리기 시작하기`를 연결해요.

> **TIP**
> 장면이 시작되면 x -50 위치로 이동한 후 그리기 굵기(10)와 색(빨강)을 정한 후 그리기를 시작해요.

05 '소리' 변수값(100)만큼 선을 그리기 위해 움직임에서 x좌표를 10 만큼 바꾸기 를 연결해요. 이어서, 자료에서 값변경 값 을 10에 끼워 넣은 후 **소리**로 변경해요.

> **TIP**
> 첫 번째 장면인 **[과학상식]**을 선택하고 ▶시작하기 를 클릭하여 x-50 위치에서 '소리' 변수값(100) 만큼 x좌표를 바꿔 빨간색 선이 그려지는지 확인해요.

06 색을 변경하여 그리기 위해 붓에서 채우기 색을 (으)로 정하기 를 연결한 후 **회색 계열**로 색을 변경해요.

82

07 **소리** 변수값을 이용하여 변경된 색으로 선을 그리기 위해 [움직임]에서 [x좌표를 10 만큼 바꾸기]를 연결해요. 이어서, [계산]에서 [10 - 10]을 **참**에 끼워넣어요.

08 왼쪽 10을 100으로 변경한 후 [자료]에서 [값변경 값]을 오른쪽 10에 끼워 넣고 **소리**로 변경해요.

> **TIP**
> '소리' 변수값 100을 기준으로 10번 반복하여 값을 빼거나 더하여 x좌표를 바꿀 수 있어요.

09 소리 변수에 10만큼 더하거나 빼기 위해 [자료]에서 [값변경 에 10 만큼 더하기]를 연결한 후 **소리**로 변경해요. 이어서, [계산]에서 [10 x 10]을 10에 끼워 넣은 후 [자료]에서 [값변경 값]을 오른쪽 10에 끼워 넣어요.

> **TIP**
> '소리' 변수에 10만큼 값을 더하거나 빼기 위해 10에 '값변경' 변수값(-1 또는 1)을 곱해요. '값변경' 변수값은 10번 반복 후 해당 값에 -1을 곱하여 '1' 또는 '-1'로 값을 정해요.

12 비가 오면 소리가 더 잘 들리나요? 83

10 '소리' 변수값만큼 x 좌표를 바꿀 때 '0.1'초 간격을 주기 위해 [흐름]에서 [2초 기다리기]를 연결하고 **0.1**로 변경해요. 이어서, [자료]에서 [값변경▼ 에 10 만큼 더하기]를 **10번 반복하기** 아래쪽에 연결해요.

11 그리기 작업을 10번 반복한 후 '값변경' 변수값을 '양수' 또는 '음수'로 변경하기 위해 [계산]에서 [10 x 10]을 10에 끼워 넣어요. 이어서, [자료]에서 [값변경▼ 값]을 **왼쪽 10**에 끼워 넣은 후 **오른쪽 10**을 **-1**로 변경해요.

> **TIP**
> 10번 반복 후 음수인 '값변경' 변수값(-1)에 '-1'을 곱하여 양수(1)로 변경해요. 만약, '값변경' 변수값(1)이 양수이면 -1을 곱하여 음수(-1)로 변경해요.

STEP 02 Spacebar로 모든 그리기 지우기

01 **소리크기**가 선택된 상태에서 [시작]에서 [장면이 시작되었을 때]를 블록 조립소로 드래그해요. 이어서, [흐름]에서 를 연결한 후 [10번 반복하기]를 안쪽에 연결해요.

02 `Spacebar`가 눌러져 있는지 확인하기 위해 [판단]에서 `q▼ 키가 눌러져 있는가?`를 **참**에 끼워 넣은 후 **스페이스**로 변경해요. 이어서, [시작]에서 `소리▼ 신호 보내기`를 안쪽에 연결해요.

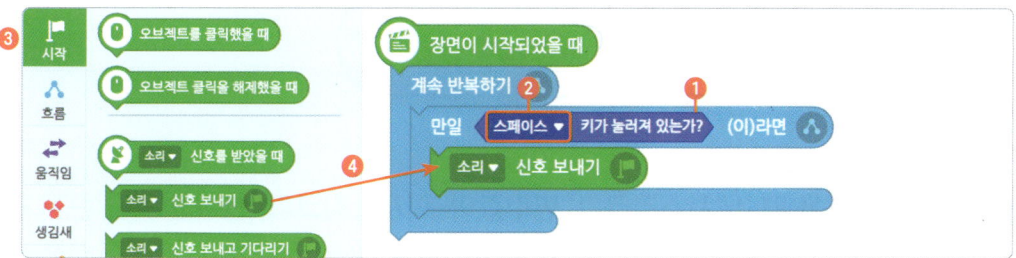

03 `Spacebar`를 눌렀을 때 모든 그리기를 지우기 위해 [붓]에서 `모든 붓 지우기`를 연결한 후 [소리]에서 `소리 여자 비명▼ 재생하기`를 연결해요.

> **TIP**
> 장면이 시작되었을 때 `Spacebar`를 눌렀다면 '소리' 신호를 보낸 후 모든 그리기를 지우고 '여자 비명' 소리를 재생해요.

04 `Spacebar`를 눌렀을 때 모든 코드를 멈추기 위해 [흐름]에서 `모든▼ 코드 멈추기`를 연결해요.

05 첫 번째 장면인 **[과학상식]**을 선택하고 ▶시작하기를 클릭하여 프로그레스 바의 움직임에 맞추어 `Spacebar`를 눌러요.

미션 해결하기

01 [장면1]에서 신호를 받았을 때 '남자소리크기' 변수값이 '여자소리크기' 변수값 보다 큰지 판단하도록 '친구1' 오브젝트에 코드를 작성해 보세요.

● 실습 및 완성 파일 : [12차시] 폴더

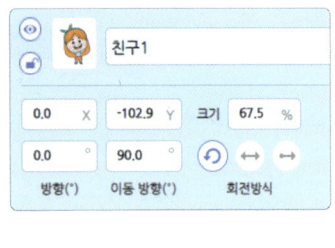 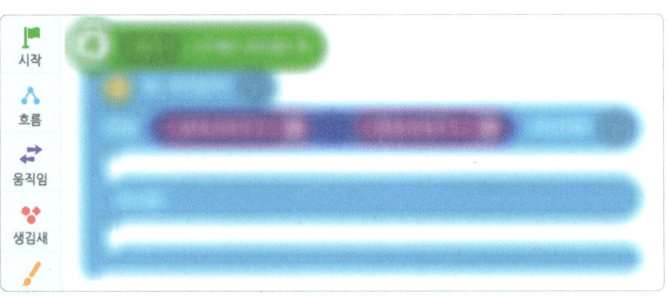

◆ HINT ◆
① '소리' 신호를 받았을 때 '2'초를 기다려요.
② '남자소리크기' 변수값이 '여자소리크기' 변수값보다 큰지 판단하여 '(이)라면'과 '아니면'으로 구분하여 실행해요.

02 '남자소리크기'와 '여자소리크기' 변수값을 판단하여 모양을 변경하고 말을 하도록 01번 코드의 '(이)라면'과 '아니면' 안쪽에 코드를 추가해 보세요.

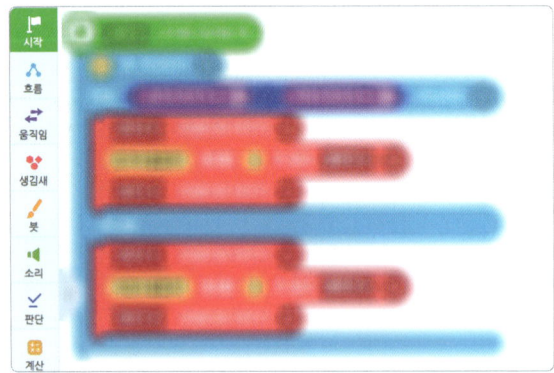

◆ HINT ◆
① (이)라면 : '친구2' 모양으로 변경한 후 "민구야 불렀어?"를 3초 동안 말을 하고 '친구1' 모양으로 바꿔요.
② 아니면 : '친구2' 모양으로 변경한 후 "지민아 불렀어?"를 3초 동안 말을 하고 '친구1' 모양으로 바꿔요.

03 비가 오는 날에 소리가 더 멀리 전달되는 이유가 무엇일까요?

CHAPTER 13

ENTRY

길을 걷다 새똥에 맞을 확률은?

학습목표
- 오브젝트에 닿을 때까지 모양을 바꾸고 이동 방향으로 움직일 수 있습니다.
- 특정 내용을 질문하고 답변을 받을 수 있습니다.
- 답변 내용과 변수값을 비교하여 신호를 보내거나 말을 할 수 있습니다.

오늘의 과학 TOON 똥 꿈이긴 한데…

실습 및 완성 파일 : [13차시] 폴더

13 길을 걷다 새똥에 맞을 확률은? 87

'똥'에 닿을 때까지 모양을 바꾸고 이동 방향으로 움직이기

01 엔트리를 실행하여 [실습 및 완성파일]-[13차시] 폴더에서 **새똥.ent** 파일을 불러온 후 **[장면1]**에서 **걷기1**을 클릭해요.

02 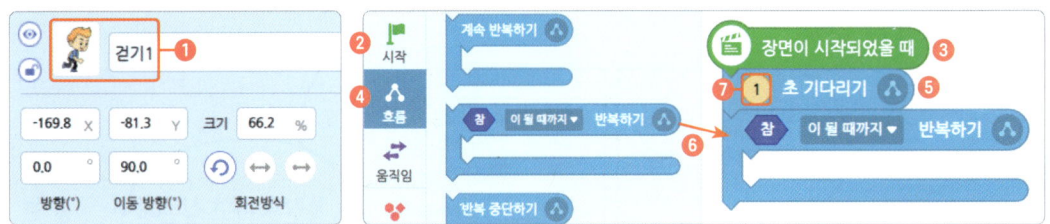 에서 `장면이 시작되었을 때`를 블록 조립소로 드래그해요. 이어서, `흐름`에서 `2초 기다리기`와 `참 이 될 때까지 반복하기`를 연결한 후 초를 **1**로 변경해요.

03 하늘에서 떨어지는 '똥'에 닿을 때까지 반복하여 실행하기 위해 `판단`에서 `마우스포인터에 닿았는가?`를 **참**에 끼워 넣은 후 **똥**으로 변경해요. 이어서, `생김새`에서 `걷기1 모양으로 바꾸기`를 안쪽에 연결해요.

> **TIP**
> '똥' 오브젝트에 닿기 전까지 안쪽에 연결된 블록들을 실행해요.

04 이동 방향으로 움직이기 위해 `움직임`에서 `이동 방향으로 10 만큼 움직이기`를 연결한 후 `흐름`에서 `2초 기다리기`를 연결하고 **0.2**로 변경해요.

> **TIP**
> '걷기1' 모양으로 바꾼 후 이동 방향(90도)으로 '10'만큼 이동해요. '이동 방향'은 오브젝트가 이동하는 방향으로 '노란색 화살표(→)' 또는 오브젝트 목록에서 '이동 방향'을 이용하여 변경할 수 있어요.

05 모양을 바꿔 걷는 모습을 만들기 위해 [생김새]에서 [걷기1▼ 모양으로 바꾸기]와 [흐름]에서 [2 초 기다리기]를 연결해요. 이어서, 모양(**걷기2**)과 초(**0.2**)를 변경해요.

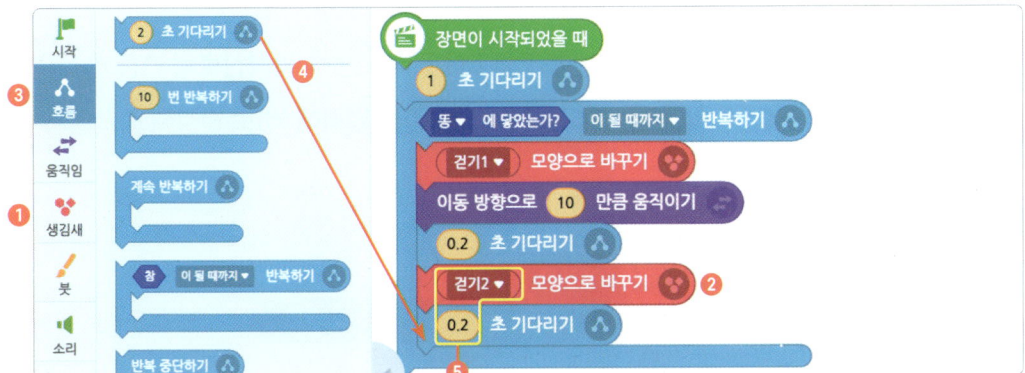

> **TIP**
> 첫 번째 장면인 **[과학상식]**을 선택하고 ▶시작하기 를 클릭하여 '똥'에 맞기 전까지 모양을 바꿔 이동 방향으로 움직이는지 확인해요.

STEP 02 '똥맞음' 신호를 받았을 때 모양 바꾸기

01 **걷기1**이 선택된 상태에서 [시작]에서 [똥맞음▼ 신호를 받았을 때]를 블록 조립소로 드래그해요. 이어서, [생김새]에서 [걷기1▼ 모양으로 바꾸기]를 연결한 후 **걷기3**으로 변경해요.

02 2초 후에 모양을 바꾸고 신호를 보내기 위해 [흐름]에서 [2 초 기다리기]와 [생김새]에서 [걷기1▼ 모양으로 바꾸기]를 연결해요. 이어서, [시작]에서 [똥맞음▼ 신호 보내기]를 연결한 후 **입력신호**로 변경해요.

> **TIP**
> '똥맞음' 신호를 받았을 때 '걷기3' 모양으로 바꾼 후 2초 뒤에 '걷기1'로 모양을 바꾸고 '입력신호'를 보내요.

STEP 03 질문에 대한 답변과 변수값을 비교하여 신호 보내기

01 걷기1이 선택된 상태에서 [시작]의 `똑맞음▼ 신호를 받았을 때`를 블록 조립소로 드래그한 후 **입력신호**로 변경해요. 이어서, [자료]에서 `안녕! 을(를) 묻고 대답 기다리기`를 연결한 후 **확률 중에서 분모(예 : 100)를 입력해 봐!**로 변경해요.

> **TIP**
> `안녕! 을(를) 묻고 대답 기다리기` 블록을 이용하면 사용자에게 원하는 질문을 하고 '대답'을 저장할 수 있어요.

02 질문에 대한 대답을 할 때마다 '횟수' 변수값을 증가시키기 위해 [자료]에서 `횟수▼ 에 10 만큼 더하기`를 연결한 후 **1**로 변경해요. 이어서, [흐름]에서 `만일 참 (이)라면 아니면`을 연결해요.

03 누적된 대답 '횟수'를 판단하기 위해 [판단]에서 `10 < 10`를 참에 끼워 넣어요. 이어서, [자료]에서 `횟수▼ 값`을 왼쪽 10에 끼워 넣고 오른쪽 10은 5로 변경해요.

> **TIP**
> 대답의 '횟수'가 5보다 작으면 '(이)라면' 안쪽의 블록을 실행하고, 그렇지 않으면 '아니면' 안쪽의 블록을 실행해요.

04 질문에 대한 '대답'과 '정답'이 같은지 판단하기 위해 호름 에서 만일 참 (이)라면 을 (이)라면 안쪽에 연결한 후 판단 에서 10 = 10 를 참에 끼워 넣어요.

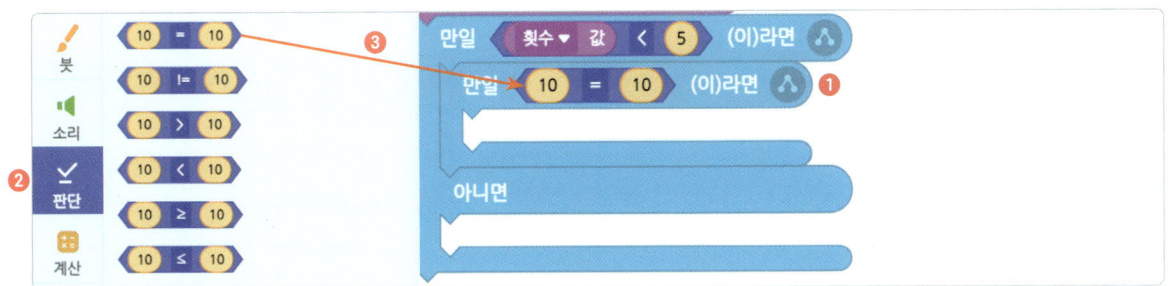

05 자료 에서 대답 은 **왼쪽 10**에 끼워 넣고 횟수▼ 값 은 **오른쪽 10**에 끼워 넣은 후 **정답**으로 변경해요. 이어서, 생김새 에서 안녕! 을(를) 4 초 동안 말하기▼ 를 안쪽에 연결한 후 내용(**와우! 너 천재구나~**)과 초(**2**)를 변경해요.

> **TIP**
> 사용자가 질문에 대한 답변 내용을 입력하면 해당 내용은 대답 블록에 저장돼요.

06 코드를 복사하기 위해 만일 참 (이)라면 위에서 마우스 오른쪽 버튼을 눌러 [**코드 복사 & 붙여넣기**]를 클릭하여 아래쪽에 연결한 후 와우! 너 천재구나~ 을(를) 2 초 동안 말하기▼ 를 휴지통으로 드래그하여 삭제해요.

07 '대답'이 '정답'보다 적은지 판단하기 위해 부등호를 <로 변경한 후 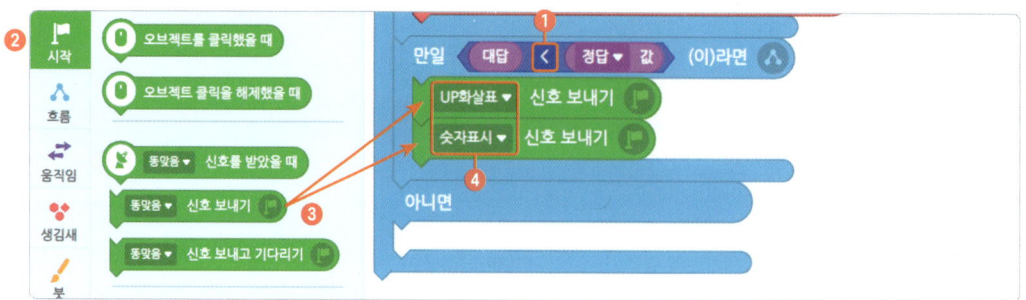 2개를 안쪽에 연결한 후 **UP화살표**와 **숫자표시**로 변경해요.

> **TIP**
> 대답(예:1000000)이 정답(4000000)보다 적으면 더 높은 숫자라고 'UP화살표'와 '숫자표시' 신호를 보내 화면에 표시해 줘요.

08 코드를 복사하기 위해 ![만일 참 (이)라면] 위에서 마우스 오른쪽 버튼을 눌러 **[코드 복사 & 붙여넣기]**를 클릭하여 아래쪽에 연결한 후 부등호(>)와 신호(**DOWN화살표**)를 변경해요.

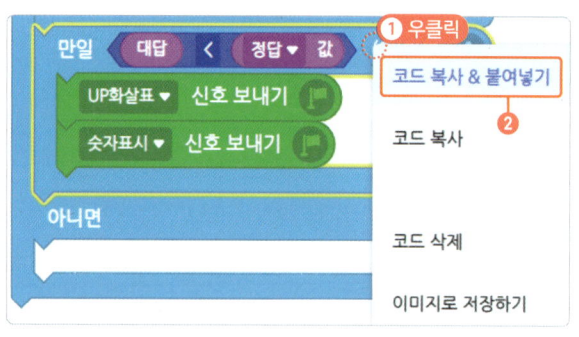
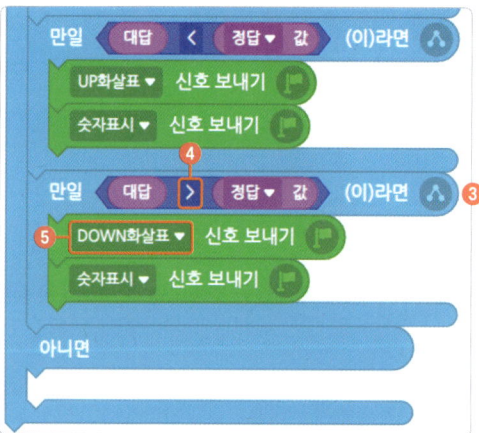

> **TIP**
> 대답(예:5000000)이 정답(4000000)보다 크면 더 낮은 숫자라고 'DOWN화살표'와 '숫자표시' 신호를 보내 화면에 표시해 줘요.

09 정답을 5번 틀리면 답을 말해주기 위해 ![생김새]에서 ![안녕! 을(를) 4 초 동안 말하기]를 **아니면** 안쪽에 연결한 후 내용(**정답은 1/4,000,000 이야!**)을 변경해요.

10 첫 번째 장면인 **[과학상식]**을 선택하고 ![▶ 시작하기]를 클릭하여 질문에 대한 답변을 숫자로 입력해 보세요.

01 [장면1]에서 신호를 받았을 때 모양이 보이고 위-아래로 움직이다가 모양을 숨긴 후 신호를 보내도록 '위쪽 화살표' 오브젝트에 코드를 작성해 보세요.

● 실습 및 완성 파일 : [13차시] 폴더

◆ HINT ◆
① 'UP화살표' 신호를 받았을 때 모양이 보여요.
② y 좌표를 5만큼 바꾼 후 0.3초 뒤에 다시 -5만큼 바뀌고 0.3초를 기다리는 작업을 5번 반복해요.
③ 반복이 끝나면 모양을 숨긴 후 '입력신호'를 보내요.

02 '위쪽 화살표' 코드를 복사하여 '아래쪽 화살표' 오브젝트에 붙여 넣은 후 신호와 y 좌표값을 변경해요.

 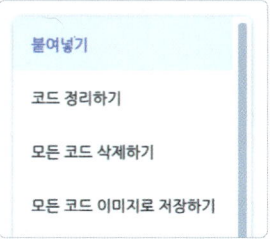

◆ HINT ◆
'아래쪽 화살표' 오브젝트에 코드가 복사되면 신호를 'DOWN화살표'로 변경한 후 y 좌표값을 -5와 5로 변경해요.

03 길을 걷다가 새 똥에 맞을 평균적인 확률을 적어보세요.

CHAPTER 14

미스터리 서클은 누가 그렸을까요?

ENTRY

학습목표
- 애니메이션 글자를 만들기 위해 변수를 추가할 수 있습니다.
- 변수를 이용하여 원하는 글자 개수만큼 반복하여 글을 쓸 수 있습니다.
- 그리기 도구를 이용하여 지정된 위치에 원을 그리고 신호를 보낼 수 있습니다.

 누가 만들었을까?

실습 및 완성 파일 : [14차시] 폴더

01 애니메이션 글자를 만들기 위해 변수 추가하기

01 엔트리를 실행하여 [실습 및 완성파일]-[14차시] 폴더에서 **미스터리 서클.ent** 파일을 불러온 후 [장면1]에서 [속성]-[변수]에서 <변수 추가하기>를 클릭해요.

02 변수 이름을 **글자**로 입력한 후 <변수 추가>를 클릭해요. '글자' 변수가 추가되면 ◎ 를 클릭하여 실행화면에서 보이지 않게 숨겨요.

03 변수 추가 작업이 끝나면 코드 작업을 위해 [블록] 탭을 클릭해요.

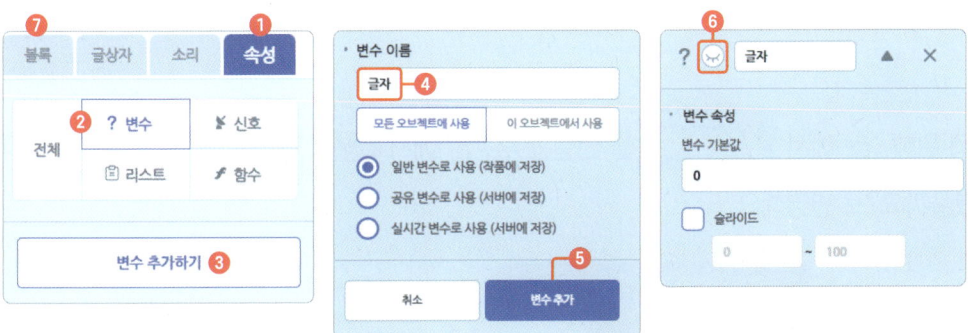

02 변수를 이용하여 애니메이션 글자 만들기

01 **텍스트**를 선택하고 [시작]에서 [장면이 시작되었을 때]를 블록 조립소로 드래그해요. 이어서, [흐름]에서 [2 초 기다리기]를 연결한 후 **0.5**로 변경해요.

02 장면이 시작되면 모양이 보이고 '글자' 변수를 '1'로 정하기 위해 [생김새]에서 [모양 보이기]와 [자료]에서 [글자▼ 를 10 (으)로 정하기]를 연결한 후 **1**로 변경해요.

> **TIP**
> '글자' 변수를 '1'로 정한 이유는 나중에 변수값에 맞추어 글자를 추가할 때 첫 번째 글자부터 차례대로 추가하기 위해서예요.

03 기본 글자를 모두 지우기 위해 [가 글상자]에서 [텍스트 모두 지우기 가]를 연결한 후 [호름]에서 [2 초 기다리기]를 연결하고 **0.5**로 변경해요.

04 글자수만큼 반복하기 위해 [호름]에서 [10 번 반복하기]를 연결한 후 [계산]에서 [엔트리 의 글자 수]를 10에 끼워 넣고 **미스터리 서클은 누가 그렸을까요?**로 변경해요.

> **TIP**
> [미스터리 서클은 누가 그렸을까요? 의 글자 수] 안쪽의 글자 개수(18개)만큼 반복해서 실행해요.

05 글자를 연결하여 뒤에 이어 쓰기 위해 [가 글상자]에서 [엔트리 라고 뒤에 이어쓰기 가]를 안쪽에 연결한 후 [계산]에서 [안녕 엔트리! 의 1 번째 글자]를 내용(엔트리)에 끼워 넣어요.

06 '글자' 변수값에 맞추어 한 글자씩 뒤에 이어쓰기 위해 ?자료 에서 글자▼값 을 1에 끼워 넣고 내용을 **미스터리 서클은 누가 그렸을까?**로 변경해요.

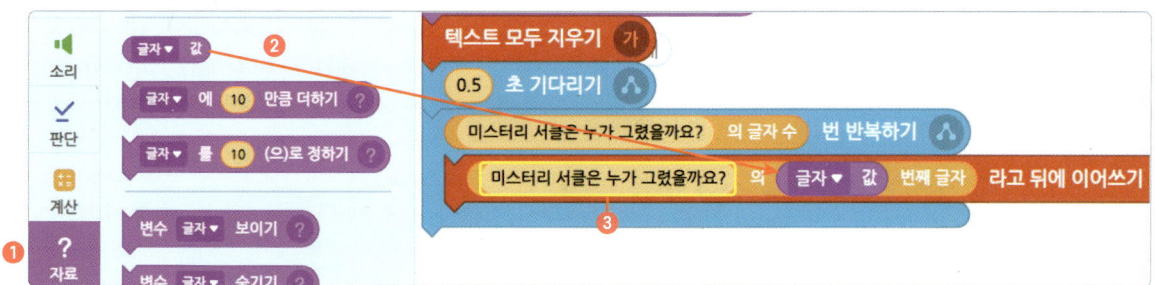

> **TIP**
> 현재 '글자' 변수값이 '1'이기 때문에 첫 번째 글자인 '미'를 쓰고 다음 반복을 기다려요.

07 반복을 할 때마다 '글자' 변수값에 1을 더하기 위해 호름 에서 2초 기다리기 를 연결한 후 **0.3**으로 변경해요. 이어서, ?자료 에서 글자▼에 10 만큼 더하기 를 연결한 후 **1**로 변경해요.

> **TIP**
> 글자(18개) 개수만큼 반복할 때마다 다음 글자를 이어쓰기 위해 '글자' 변수값에 '1'을 증가시켜요.

08 반복이 끝나면 글자를 실행화면에서 숨기기 위해 호름 에서 2초 기다리기 를 반복하기 아래쪽에 연결한 후 **1**로 변경해요. 이어서, 생김새 에서 모양 숨기기 를 연결해요.

09 글자가 숨겨지면 서클을 그릴 수 있도록 시작 에서 원4▼ 신호 보내기 를 연결한 후 **원1**로 변경해요.

STEP 03 그리기 블록을 이용하여 서클(원) 그리기

01 **바람**을 선택한 후 [시작]에서 [원4▼ 신호를 받았을 때]를 블록 조립소로 드래그한 후 **원1**로 변경해요. 이어서, [흐름]에서 [2 초 기다리기]를 연결해요.

02 말을 한 후 지정된 x-y 위치로 이동하기 위해 [생김새]에서 [모양 보이기]와 [안녕! 을(를) 4 초 동안 말하기▼]를 연결한 후 내용(**자연현상?**)과 초(**2**)를 변경해요. 이어서, [움직임]에서 [x: 0 y: 0 위치로 이동하기]를 연결한 후 –60과 90으로 변경해요.

> **TIP**
> '원1' 신호를 받으면 실행화면에 나타나 2초 동안 말을 한 후 지정된 x-y 위치로 이동해요.

03 그리기 색과 굵기를 정하기 위해 [붓]에서 [그리기 색을 (으)로 정하기], [그리기 굵기를 1 (으)로 정하기], [그리기 시작하기]를 연결한 후 색(**밝은 녹색 계열**,)과 굵기(**5**)를 변경해요.

> **TIP**
> 서클(원)을 그리기 전에 '그리기 색'과 '굵기'를 정한 후 '그리기 시작하기'를 실행해요.

04 반복을 이용하여 서클(원)을 그리기 위해 `흐름`에서 `10 번 반복하기`를 연결한 후 **72**로 변경해요. 이어서, `움직임`에서 `이동 방향으로 10 만큼 움직이기`와 `이동 방향을 90° 만큼 회전하기`를 연결한 후 움직임(**4**)과 회전(**5**)을 변경해요.

05 서클(원)을 천천히 그리기 위해 `흐름`에서 `2 초 기다리기`를 연결한 후 **0.02**로 변경해요.

> **TIP**
> 서클(원)을 그리기 위해서는 360도로 회전해야 하기 때문에 5도씩 72번(5*72=360) 반복하여 원을 그려요.

06 서클(원)이 완성되면 그리기를 멈추고 신호를 보내기 위해 `붓`에서 `그리기 멈추기`와 `시작`에서 `원4 신호 보내기`를 반복하기 아래쪽에 연결한 후 **원2**로 변경해요. 이어서, `생김새`에서 `모양 숨기기`를 연결해요.

> **TIP**
> 서클(원)이 그려지면 그리기를 멈추고 다음 서클을 그리기 위해 '원2'로 신호를 보낸 후 모양을 숨겨요.

07 첫 번째 장면인 **[과학상식]**을 선택하고 `▶ 시작하기`를 클릭하여 지정된 위치에 서클이 그려지는지 확인해 보세요.

미션 해결하기

01 [장면1]에서 신호를 받았을 때 그리기 색과 굵기를 정하여 그리기를 시작하도록 '삽' 오브젝트에 코드를 작성해 보세요.

● 실습 및 완성 파일 : [14차시] 폴더

◆ HINT ◆
① '시작' 신호를 받았을 '1'초를 기다린 후 x(0)-y(0) 위치로 이동해요.
② 그리기 색(진한 갈색 계열, ■)과 그리기 굵기(2)를 정한 후 그리기 시작하기를 실행해요.

02 4번 반복하여 사각형을 그린 후 다시 18번 반복하여 원이 그려지도록 01번 코드 아래쪽에 코드를 연결하여 추가해 보세요.

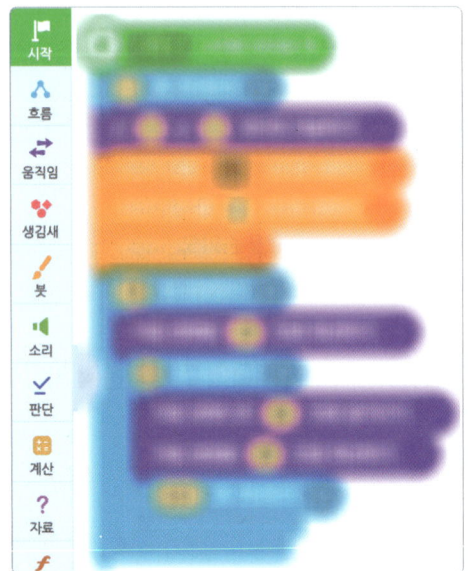

◆ HINT ◆
① 사각형을 연결하여 원을 그리기 위해 18번 반복하면서 이동 방향을 20만큼 회전시켜요.
② 원을 그리기 위해 필요한 사각형을 그리기 위해 4번 반복하여 이동 방향으로 90만큼 움직이고, 이동 방향으로 90만큼 회전시켜요.
③ 4번 반복하여 사각형을 그릴 때 '0.01'초를 기다려요.

03 미스터리 서클을 누가 그렸을 것 같은지 생각해 본 후 대상과 함께 간단한 이유를 적어보세요.

CHAPTER 15 고양이 얼굴에 수염이 없다면?

ENTRY

학습목표
- 방향키로 방향을 정하고 모양을 바꿔가며 이동할 수 있습니다.
- 오브젝트에 닿았을 때 이동 방향의 뒤쪽으로 움직일 수 있습니다.
- 신호를 받았을 때 특정 오브젝트 위치로 이동할 수 있습니다.

오늘의 과학 TOON 고양이 고장 사건

실습 및 완성 파일 : [15차시] 폴더

'왼쪽 화살표' 키를 눌렀을 때 코드 작성하기

01 엔트리를 실행하여 [실습 및 완성파일]-[15차시] 폴더에서 **고양이 수염.ent** 파일을 불러온 후 [장면1]에서 **수염 없는 고양이**를 클릭해요.

02 에서 〈솜들▼ 신호를 받았을 때〉를 블록 조립소로 드래그한 후 **달리기**로 변경해요. 이어서, 에서 〈모양 보이기〉를 연결해요.

03 '왼쪽 화살표' 키가 눌러져 있는지 확인하기 위해 에서 〈계속 반복하기〉를 연결한 후 〈만일 참 (이)라면〉을 안쪽에 연결해요. 이어서, 에서 〈q▼ 키가 눌러져 있는가?〉를 참에 끼워 넣은 후 **왼쪽 화살표**로 변경해요.

> **TIP**
> '달리기' 신호를 받았을 때 실행화면에 모양이 보이고 '왼쪽 화살표' 키가 눌러져 있는지 계속 확인해요.

04 키를 눌렀을 때 왼쪽으로 이동하기 위해 에서 〈이동 방향을 90° (으)로 정하기〉와 〈이동 방향으로 10 만큼 움직이기〉를 안쪽에 연결한 후 이동 방향 각도를 **270**도로 변경해요.

> **TIP**
> ←를 누르면 이동 방향을 '270'도로 정하고 왼쪽으로 '10'만큼 움직여요.

05 고양이 모양을 바꾸기 위해 [생김새]에서 [달리는 고양이 ▼ 모양으로 바꾸기]를 연결한 후 **달리는 고양이1**로 변경해요. 이어서, [호름]에서 [2 초 기다리기]를 연결하고 **0.1**로 변경해요.

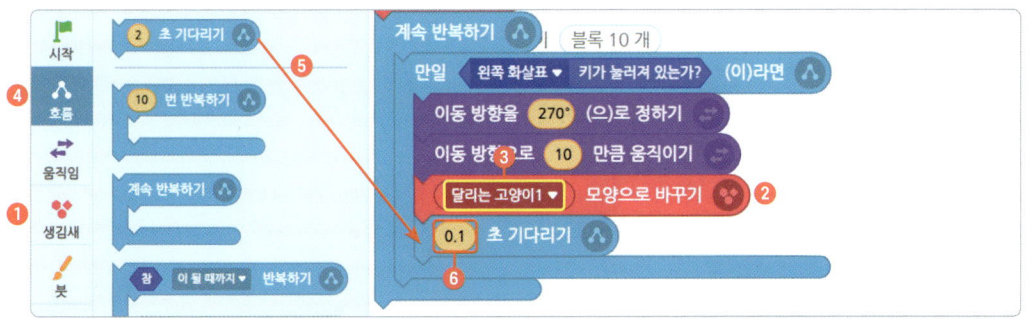

06 모양을 바꿔 다시 이동 방향으로 움직이도록 [움직임]에서 [이동 방향으로 10 만큼 움직이기]와 [생김새]에서 [달리는 고양이 ▼ 모양으로 바꾸기]를 연결해요. 이어서, [호름]에서 [2 초 기다리기]를 연결하고 **0.1**로 변경해요.

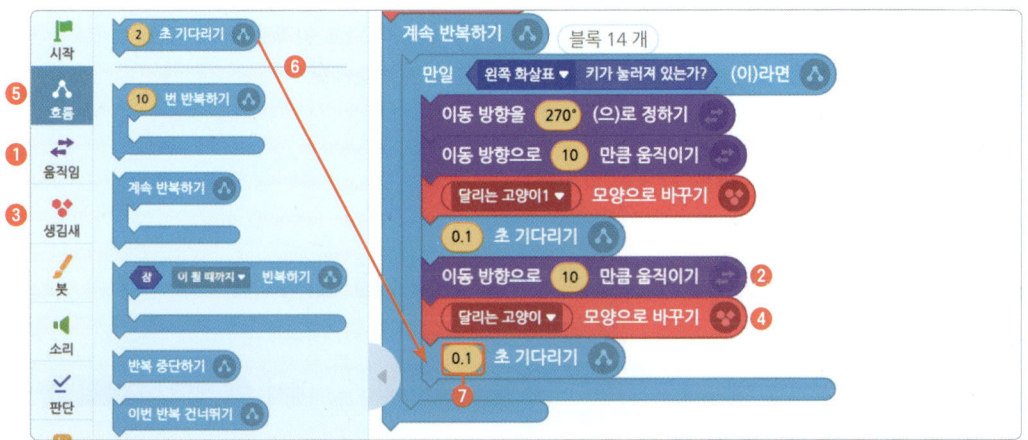

> **TIP**
> '달리기' 신호를 받았을 때 ←를 누르면 0.1초 간격으로 모양을 바꿔가며 왼쪽으로 이동해요. 첫 번째 장면인 [과학상식]을 선택하고 ▶ 시작하기 를 클릭하여 코드 결과를 확인해 보세요.

'오른쪽 화살표' 키를 눌렀을 때 코드 작성하기

01 코드를 복사하기 위해 [만일 참 (이)라면] 위에서 마우스 오른쪽 버튼을 눌러 **[코드 복사 & 붙여넣기]**를 클릭한 후 복사된 코드를 아래쪽에 연결해요.

02 복사된 코드에서 키를 **오른쪽 화살표**로 변경한 후 이동 방향의 각도를 **90**으로 변경해요.

15 고양이 얼굴에 수염이 없다면? **103**

STEP 03 특정 오브젝트에 닿았을 때 모양 및 이동 방향을 바꾸기

01 수염없는 고양이가 선택된 상태에서 [흐름]에서 [만일 참 (이)라면]을 연결한 후 [판단]에서 [참 또는▼ 거짓]을 참에 끼워 넣어요.

02 '의자' 또는 '화분'에 닿았는지 판단하기 위해 [판단]에서 [마우스포인터▼ 에 닿았는가?]를 양쪽에 끼워 넣어요. 이어서, 왼쪽은 **의자**, 오른쪽은 **화분**으로 변경해요.

104

03 '의자' 또는 '화분'에 닿으면 신호를 보내기 위해 [시작]에서 [충돌▼ 신호 보내기]를 안쪽에 연결해요. 이어서, [움직임]에서 [이동 방향으로 10 만큼 움직이기]를 연결한 후 **-50**으로 변경해요.

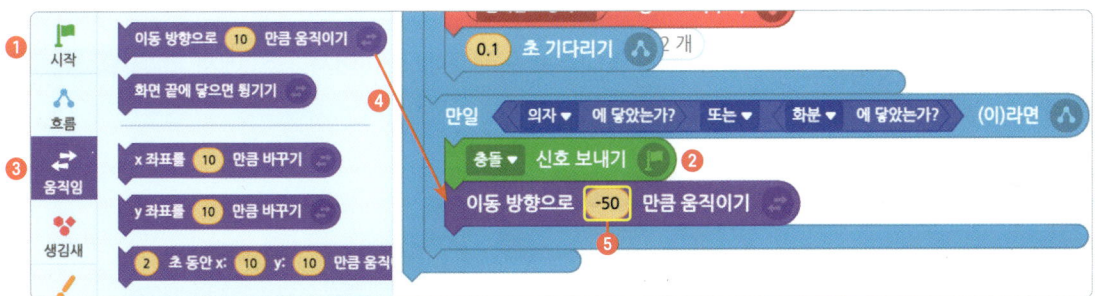

> **TIP**
> 고양이가 이동 중에 '의자' 또는 '화분' 오브젝트에 닿으면 '충돌' 신호를 보낸 후 뒤로 50만큼 움직여요.

04 충돌 후 모양을 바꾸기 위해 [호름]에서 [2 초 기다리기]를 연결하고 **1**로 변경해요. 이어서, [생김새]에서 [달리는 고양이▼ 모양으로 바꾸기]를 연결한 후 **돌아선 고양이**로 변경해요.

> **TIP**
> 고양이가 이동 중에 '의자' 또는 '화분' 오브젝트에 닿으면 1초 뒤에 모양을 바꿔요.

05 충돌 후 모양을 바꿔 반대 방향으로 회전하도록 [호름]에서 [2 초 기다리기]를 연결하고 **1**로 변경해요. 이어서, [생김새]에서 [달리는 고양이▼ 모양으로 바꾸기]와 [움직임]에서 [이동 방향을 90° 만큼 회전하기]를 연결한 후 **180**으로 변경해요.

충돌 신호를 받았을 때 코드 작성하기

01 **충돌**을 선택한 후 [시작]에서 [충돌▼ 신호를 받았을 때]를 블록 조립소로 드래그해요. 이어서, [움직임]에서 [글상자▼ 위치로 이동하기]를 연결한 후 **수염없는 고양이**로 변경해요.

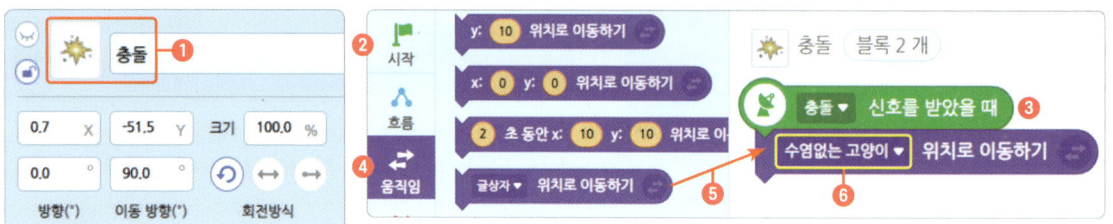

> **TIP**
> '충돌' 신호를 받으면 해당 오브젝트가 '수염없는 고양이' 오브젝트 위치로 이동해요.

02 '충돌' 모양을 실행화면에서 잠깐 보였다가 숨기기 위해 [생김새]에서 [모양 보이기]와 [모양 숨기기]를 연결해요. 이어서, [호름]에서 [2초 기다리기]를 블록 사이에 연결한 후 **1**로 변경해요.

> **TIP**
> '충돌' 신호를 받으면 '수염없는 고양이' 오브젝트 위치로 이동하여 실행화면에 1초 동안만 보여줘요.

03 첫 번째 장면인 **[과학상식]**을 선택하고 [▶시작하기]를 클릭하여 좌-우 방향키(←, →)로 고양이가 '의자' 또는 '화분'에 닿도록 이동시켜 보세요.

01 [장면1]에서 오브젝트를 클릭했을 때 크기를 바꾸고 말을 한 후 신호를 보내도록 '강아지 선택' 오브젝트에 코드를 작성해 보세요.

● 실습 및 완성 파일 : [15차시] 폴더

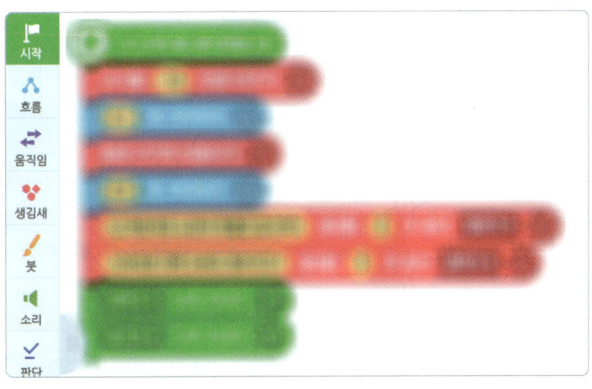

◆ HINT ◆
① 오브젝트를 클릭했을 때 크기를 -10만큼 바꾼 후 0.1초 뒤에 원래 크기로 되돌려요.
② 0.5초 뒤에 3초 동안 "난 파란색과 노란색 계열만 잘 보여!"를 말한 후 다시 3초 동안 "시야각은 대략 240도 정도이고!"를 말해요.
③ 말하기가 끝나면 '강아지'와 '숨기기' 신호를 보내요.

02 코드를 복사하여 '사람 선택'과 '고양이 선택'에 붙여 넣은 후 '내용'과 '신호'를 변경해요.

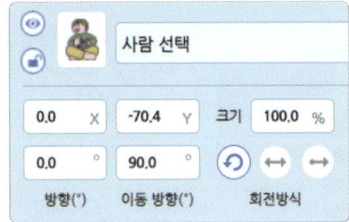
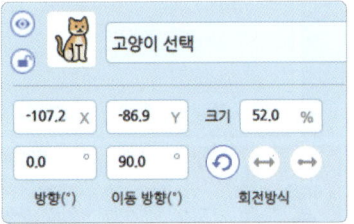

◆ HINT ◆
① 사람 선택 : 내용("난 대부분의 색이 다 잘 보여!", "시야각은 대략 180도 정도이고!"), 신호(사람)
② 고양이 선택 : 내용("난 청록색과 파란색만 잘 보여!", "시야각은 대략 200~220도 정도이고!"), 신호(고양이)

03 고양이 수염을 뽑거나 자르면 안 되는 이유를 간단하게 적어보세요.

CHAPTER 16
우주에서 혼자 야구를 할 수 있을까요?

ENTRY

학습목표
- 오브젝트를 클릭했을 때 크기를 변경하고 신호를 보낼 수 있습니다.
- 신호를 받으면 지정된 x좌표 위치까지 반복 실행할 수 있습니다.
- 조건을 판단하여 자신의 다른 코드를 멈추게 할 수 있습니다.

오늘의 과학TOON 야구공은 음식이 아니야!

실습 및 완성 파일 : [16차시] 폴더

오브젝트를 클릭했을 때 크기를 변경하고 신호 보내기

01 엔트리를 실행하여 [실습 및 완성파일]-[16차시] 폴더에서 **무중력 야구.ent** 파일을 불러온 후 [**장면1**]에서 **야구공**을 클릭해요.

02 [시작]에서 `오브젝트를 클릭했을 때`를 블록 조립소로 드래그한 후 [생김새]에서 `크기를 10 만큼 바꾸기`를 연결하고 –10으로 변경해요.

03 크기 변경 후 원래 크기로 되돌리기 위해 [흐름]에서 `2 초 기다리기`를 연결한 후 0.1로 변경해요. 이어서, [생김새]에서 `원래 크기로 되돌리기`를 연결해요.

> **TIP**
> '야구공' 오브젝트를 클릭하면 크기를 줄였다가 원래 크기로 되돌려요.

04 신호를 보내고 숨기기 위해 [흐름]에서 `2 초 기다리기`를 연결한 후 0.5로 변경해요. 이어서, [시작]에서 `수비 신호 보내기`와 [생김새]에서 `모양 숨기기`를 연결한 후 신호를 **시작**으로 변경해요.

> **TIP**
> '야구공' 오브젝트를 클릭하면 크기를 변경하고 신호를 보낸 후 실행화면에서 숨겨요.

STEP 02 '공던지기' 신호를 받았을 때 코드 작성하기

01 야구공이 선택된 상태에서 [시작]에서 [수비▼ 신호를 받았을 때]를 블록 조립소로 드래그한 후 **공던지기**로 변경해요. 이어서, [움직임]에서 [글상자▼ 위치로 이동하기]를 연결한 후 **투수**로 변경해요.

02 크기를 줄이고 실행화면에서 보이기 위해 [생김새]에서 [크기를 10 만큼 바꾸기]와 [모양 보이기]를 연결한 후 크기를 **-70**으로 변경해요. 이어서, [흐름]에서 [참 이 될 때까지▼ 반복하기]를 연결해요.

03 자신의 x좌표값을 판단하기 위해 [판단]에서 [10 > 10]를 참에 끼워 넣어요. 이어서, [계산]에서 [글상자▼ 의 x좌푯값▼]을 왼쪽 10에 끼워 넣고 **자신**으로 변경한 후 오른쪽 10을 **260**으로 변경해요.

> **TIP**
> '공던지기' 신호를 받으면 '야구공'이 '투수' 오브젝트 위치로 이동한 후 자신의 x좌표값이 260보다 클 때까지 안쪽에 연결된 블록을 반복해서 실행해요.

04 '공 속도' 변수값을 이용하여 x좌표를 바꾸기 위해 [움직임]에서 [x좌표를 10 만큼 바꾸기]를 안쪽에 연결해요. 이어서, [계산]에서 [10 x 10]을 10에 끼워 넣어요.

05 [자료]에서 [스윙 속도▼ 값]을 왼쪽 10에 끼워 넣고 **공 속도**로 변경한 후 **오른쪽** 10을 0.5로 변경해요. 이어서, [움직임]에서 [방향을 90° 만큼 회전하기]를 연결한 후 5로 변경해요.

> **TIP**
> '야구공'이 '투수' 오브젝트 위치로 이동한 후 자신의 x좌표가 260(오른쪽 화면 끝)을 초과할 때까지 '공 속도' 변수값의 절반 값만큼 이동하면서 회전해요.

06 반복이 끝나면 다시 시작하기 위해 [생김새]에서 [모양 숨기기]와 [흐름]에서 [처음부터 다시 실행하기]를 연결해요.

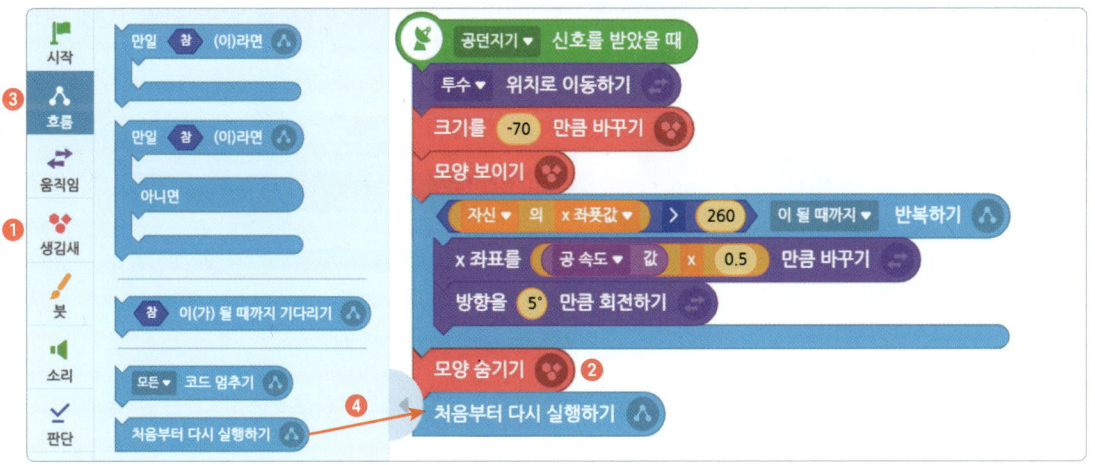

> **TIP**
> '야구공' 오브젝트의 x좌표가 260을 벗어나면 모양을 숨긴 후 처음부터 다시 실행해요. 첫 번째 장면인 [과학상식]을 선택하고 [▶시작하기]를 클릭하여 코드 결과를 확인해 보세요.

STEP 03 '스윙' 신호를 받았을 때 코드 작성하기

01 야구공이 선택된 상태에서 시작의 수비 신호를 받았을 때를 블록 조립소로 드래그한 후 **스윙**으로 변경해요. 이어서, 흐름에서 만일 참 (이)라면을 연결한 후 모든 코드 멈추기를 안쪽에 연결하고 **자신의 다른**으로 변경해요.

02 2개의 조건을 동시에 판단하기 위해 판단에서 참 그리고▼ 참 을 **참**에 끼워 넣어요. 이어서, 10 > 10 는 **왼쪽 참**에 끼워 넣고 10 < 10 는 **오른쪽 참**에 끼워 넣어요.

03 신호를 받았을 때 지정된 x좌표 위치인지 판단하기 위해 계산에서 글상자▼의 x좌푯값을 **양쪽 왼쪽** 10에 끼워 넣고 **자신**으로 변경한 후 **양쪽 오른쪽** 10은 120과 170으로 각각 변경해요.

> **TIP**
> '스윙' 신호를 받았을 때 '야구공' 오브젝트의 x좌표가 '121~169' 사이이면 현재 코드를 제외한 다른 모든 코드들은 실행을 멈춰요.

04 다른 코드를 복사하여 사용하기 위해  코드 중 위에서 마우스 오른쪽 버튼을 눌러 [코드 복사 & 붙여넣기]를 클릭해요. 코드가 복사되면 아래쪽에 연결된 를 휴지통으로 드래그하여 삭제해요.

05 복사된 코드를 아래쪽에 연결한 후 아래 그림처럼 **부등호(<), 변수(스윙 속도), 값(-260, -0.5)**을 변경해요.

TIP
'타자' 오브젝트에서 Spacebar 를 눌러 '스윙' 신호를 보냈을 때 '공' 오브젝트의 x좌표 위치가 '121~169' 사이이면 자신의 다른 코드는 실행을 멈추고 x좌표가 -260(왼쪽 화면 끝)보다 작을 때까지 왼쪽으로 이동해요.

06 '야구공'이 왼쪽으로 이동하다가 '투수'에 닿았는지 확인하기 위해 에서 을 연결해요. 이어서, 에서 를 참에 끼워 넣고 **투수**로 변경해요.

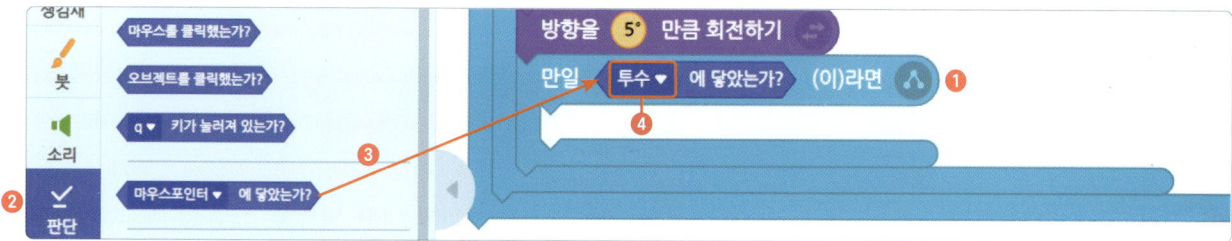

07 '투수'에 닿으면 '야구공'을 숨기고 자신의 코드를 멈추기 위해 [흐름]에서 [2초 기다리기]와 [모든 코드 멈추기]를 연결한 후 초(**0.1**)와 대상(**자신의**)을 변경해요. 이어서, [생김새]에서 [모양 숨기기]를 블록 사이에 연결해요.

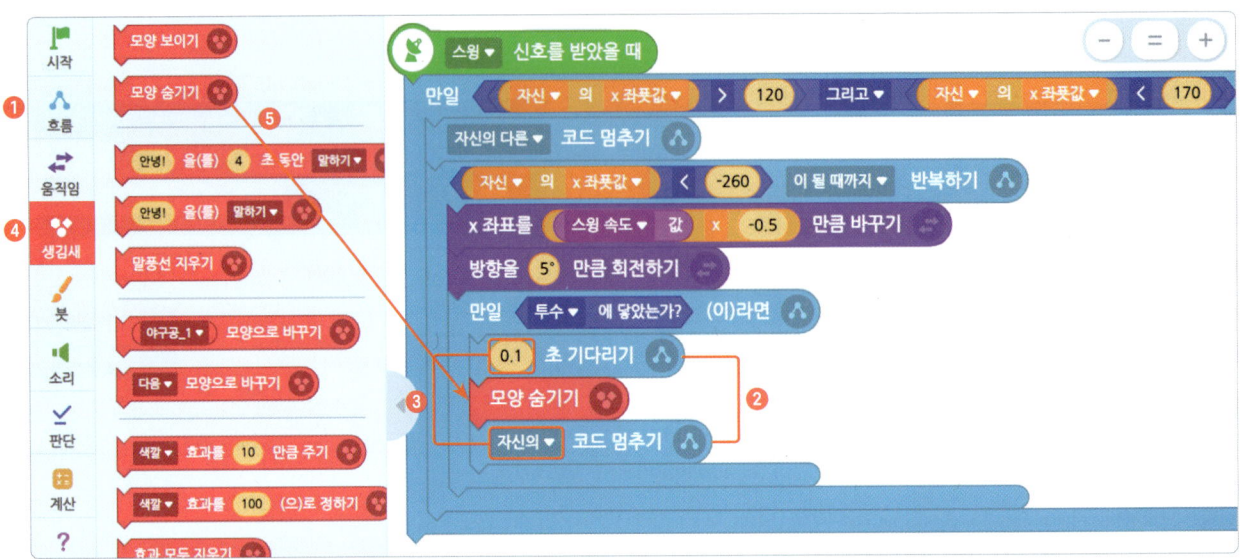

08 첫 번째 장면인 [**과학상식**]을 선택하고 [▶시작하기]를 클릭하여 '공 속도'와 '스윙 속도'를 정한 후 혼자서 야구 게임을 해보세요.

미션 해결하기

01 [장면1]에서 블랙홀까지의 거리가 '중력' 변수값 이상이면 말을 하고 처음부터 다시 실행하도록 '우주왕복선' 오브젝트의 코드 아래쪽에 추가로 작성해 보세요.

● 실습 및 완성 파일 : [16차시] 폴더

◆ HINT ◆
만일 '블랙홀'까지의 거리를 '20'으로 나눈 몫(블랙홀 ▼ 까지의 거리 / 20 의 몫 ▼)이 '중력' 변수값 이상이면, 2초를 기다린 후 "휴~! 살았다~!"를 2초 동안 말하고 처음부터 다시 실행해요.

02 01번에서 작성한 코드를 복사하여 '우주선', '인공위성', '행성'에 붙여 넣은 후 코드 맨 아래쪽에 연결해요.

03 우주에서 혼자 야구(투수와 타자)를 할 수 있는 이유가 무엇인지 적어보세요.

CHAPTER 17 뒤로 날 수 있는 새가 있나요?

ENTRY

학습목표

- 초시계 조건을 만족했을 때 Spacebar 를 눌러 변수에 값을 더할 수 있습니다.
- 방향키를 이용하여 위쪽, 아래쪽, 왼쪽으로 이동할 수 있습니다.
- 오른쪽 방향키를 눌렀을 때 변수값을 판단하여 뒤로 이동할 수 있습니다.

오늘의 과학 TOON — 작지만 강하다!

실습 및 완성 파일 : [17차시] 폴더

초시계 값을 판단하여 '(이)라면'과 '아니면' 코드 실행하기

01 엔트리를 실행하여 [실습 및 완성파일]-[17차시] 폴더에서 **벌새.ent** 파일을 불러온 후 [장면1]에서 **벌새**를 클릭해요.

02 시작에서 신호를 받았을 때를 블록 조립소로 드래그한 후 **날개 시작**으로 변경해요. 이어서, 계산에서 초시계 시작하기를 연결해요.

> **TIP**
> '날개 시작' 신호를 받으면 초시계가 시작돼요.

03 '참'과 '거짓'을 구분하여 코드를 실행하기 위해 흐름에서 계속 반복하기를 연결한 후 만일 참 (이)라면 아니면을 안쪽에 연결해요. 이어서 판단에서 10 < 10 를 참에 끼워 넣어요.

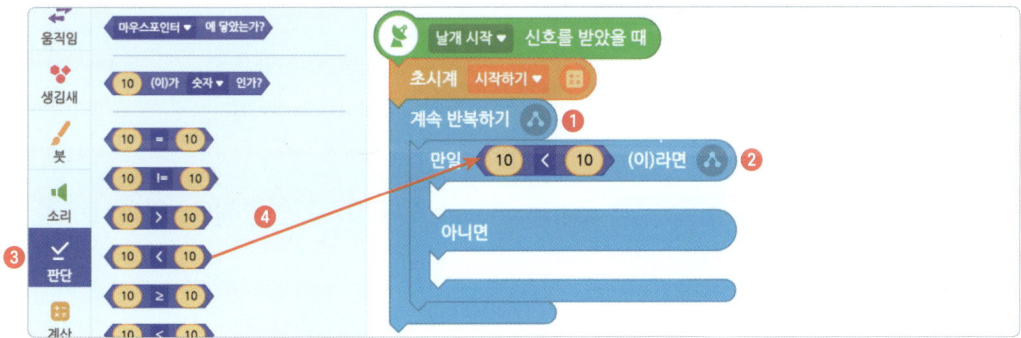

04 초시계 값이 5 미만인지 판단하기 위해 계산에서 초시계 값을 **왼쪽** 10에 끼워 넣고 **오른쪽** 10을 5로 변경해요.

> **TIP**
> 초시계 값이 '5' 미만이면 '(이)라면' 안쪽의 블록들을 실행하고 그렇지 않으면 '아니면' 안쪽의 블록들을 실행해요.

05 초시계 값이 5 미만일 때 코드를 실행하기 위해 [호름]에서 [만일 참 (이)라면]을 **(이)라면** 안쪽에 연결해요. 이어서, [판단]에서 <q▼ 키가 눌러져 있는가?>를 **참**에 끼워 넣은 후 **스페이스**로 변경해요.

> **TIP**
> 초시계 값이 5 미만일 때 Spacebar 가 눌러져 있는지 판단하여 안쪽의 블록들을 실행해요.

06 Spacebar 를 눌렀을때 변수값을 더하고 모양을 바꾸기 위해 [자료]에서 [날개▼에 10 만큼 더하기]와 [생김새]에서 [벌새▼ 모양으로 바꾸기]를 연결해요. 이어서, 변수값(**1**)과 모양(**벌새1**)을 변경해요.

07 다른 모양으로 바꾸기 위해 [호름]에서 [2 초 기다리기] 2개를 연결한 후 **0.02**로 변경해요. 이어서, [생김새]에서 [벌새▼ 모양으로 바꾸기]를 기다리기 블록 사이에 연결해요.

> **TIP**
> 초시계 값이 '5' 미만일 때 Spacebar 를 누르면 '날개' 변수값에 '1'을 더한 후 0.02초 간격으로 모양을 바꿔요.

08 초시계 값이 5 미만이 아닐 때 코드를 실행하기 위해 계산 에서 초시계 시작하기 와 시작 에서 이동▼ 신호 보내기 를 아니면 안쪽에 연결한 후 초시계를 **정지하기**로 변경해요. 이어서, 호름 에서 모든▼ 코드 멈추기 를 연결한 후 **자신의**로 변경해요.

TIP
초시계 값이 5 미만이 아니면 초시계를 정지하고 '이동' 신호를 보낸 후 자신의 코드가 실행되지 않게 멈춰요.

STEP 02 방향키를 이용하여 위치 변경하기

01 벌새가 선택된 상태에서 시작 의 이동▼ 신호를 받았을 때 를 블록 조립소로 드래그해요. 이어서, 호름 에서 계속 반복하기 를 연결한 후 만일 참 (이)라면 을 안쪽에 연결해요.

02 '위쪽 화살표'를 눌렀을 때 위로 이동하기 위해 판단 에서 q▼ 키가 눌러져 있는가? 을 **참**에 끼워 넣은 후 **위쪽 화살표**로 변경해요. 이어서, 움직임 에서 y 좌표를 10 만큼 바꾸기 와 호름 에서 2 초 기다리기 를 연결한 후 값(**20**)과 초(**0.1**)를 변경해요.

TIP
'이동' 신호를 받았을 때 ↑를 누르면 '벌새'가 0.1초 간격으로 위로 20만큼 올라가요.

03 코드를 복사하기 위해 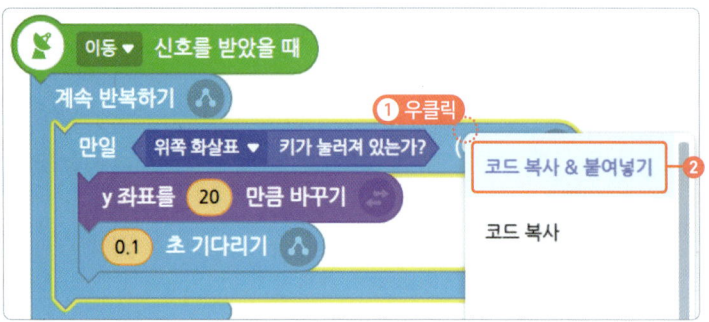 위에서 마우스 오른쪽 버튼을 눌러 [**코드 복사 & 붙여넣기**]를 클릭해요.

04 복사된 코드를 아래쪽에 연결한 후 키(**아래쪽 화살표**)와 값(**-20**)을 변경해요.

> **TIP**
> '이동' 신호를 받았을 때 ↓를 누르면 '벌새'가 0.1초 간격으로 아래로 -20만큼 내려가요.

05 똑같은 방법으로 코드를 복사하여 아래쪽에 연결한 후 안쪽에 연결된 블록을 휴지통으로 드래그하여 삭제해요. 이어서, 키를 **왼쪽 화살표**로 변경해요.

120

06 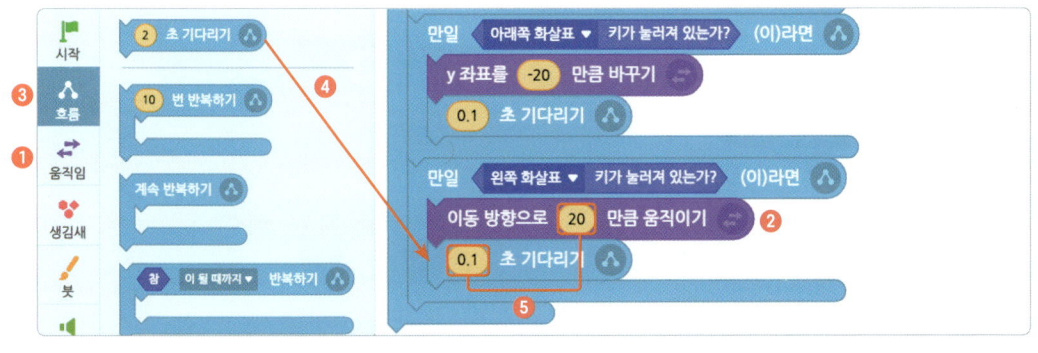 에서 `이동 방향으로 10 만큼 움직이기` 와 `호름`에서 `2 초 기다리기` 를 연결한 후 값(20)과 초(0.1)를 변경해요.

TIP
←를 누르면 '벌새'가 0.1초 간격으로 이동방향(왼쪽)으로 20만큼 이동해요.

07 똑같은 방법으로 코드를 복사하여 아래쪽에 연결한 후 `왼쪽 화살표 ▼ 키가 눌러져 있는가?` 를 휴지통으로 드래그하여 삭제해요. 이어서, 값을 **−20**으로 변경해요.

08 2개의 조건을 동시에 판단하기 위해 `판단`에서 `참 그리고 ▼ 참`을 참에 끼워 넣은 후 **왼쪽 참**에는 `q ▼ 키가 눌러져 있는가?`를 **오른쪽 참**에는 `10 > 10`를 끼워 넣어요.

09 '키'와 '변수값'을 확인하기 위해 `자료`에서 `날개 ▼ 값`을 **왼쪽 10**에 끼워 넣은 후 **오른쪽 10**을 **40**으로 변경해요. 이어서, 키를 **오른쪽 화살표**로 변경해요.

TIP
'날개' 변수값이 40을 초과한 상태에서 →를 누르면 0.1초 간격으로 뒤로 −20만큼 이동해요.

10 똑같은 방법으로 코드를 복사하여 아래쪽에 연결한 후 안쪽에 연결된 블록을 휴지통으로 드래그하여 삭제해요. 이어서, 부등호(≤)를 변경해요.

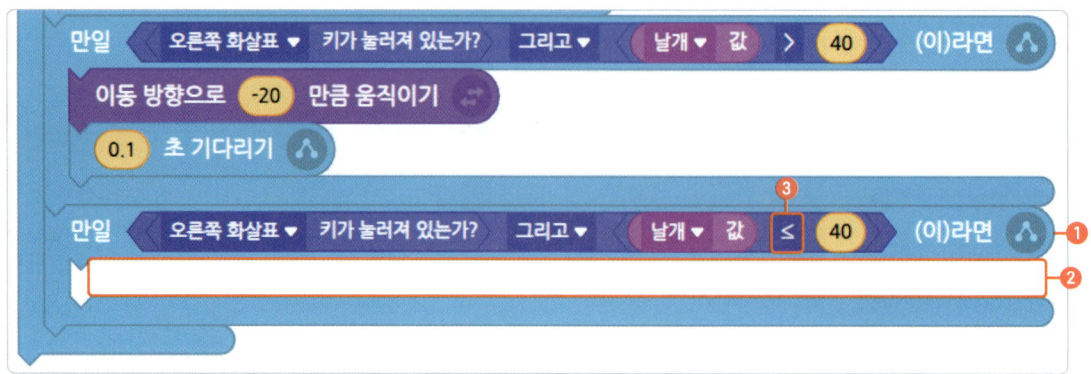

11 생김새에서 [안녕!을(를) 4초 동안 말하기]를 안쪽에 연결한 후 내용(**더 빠르게 날갯짓을 해야 뒤로 갈 수 있어!**)을 변경해요. 이어서, 흐름에서 [처음부터 다시 실행하기]를 연결해요.

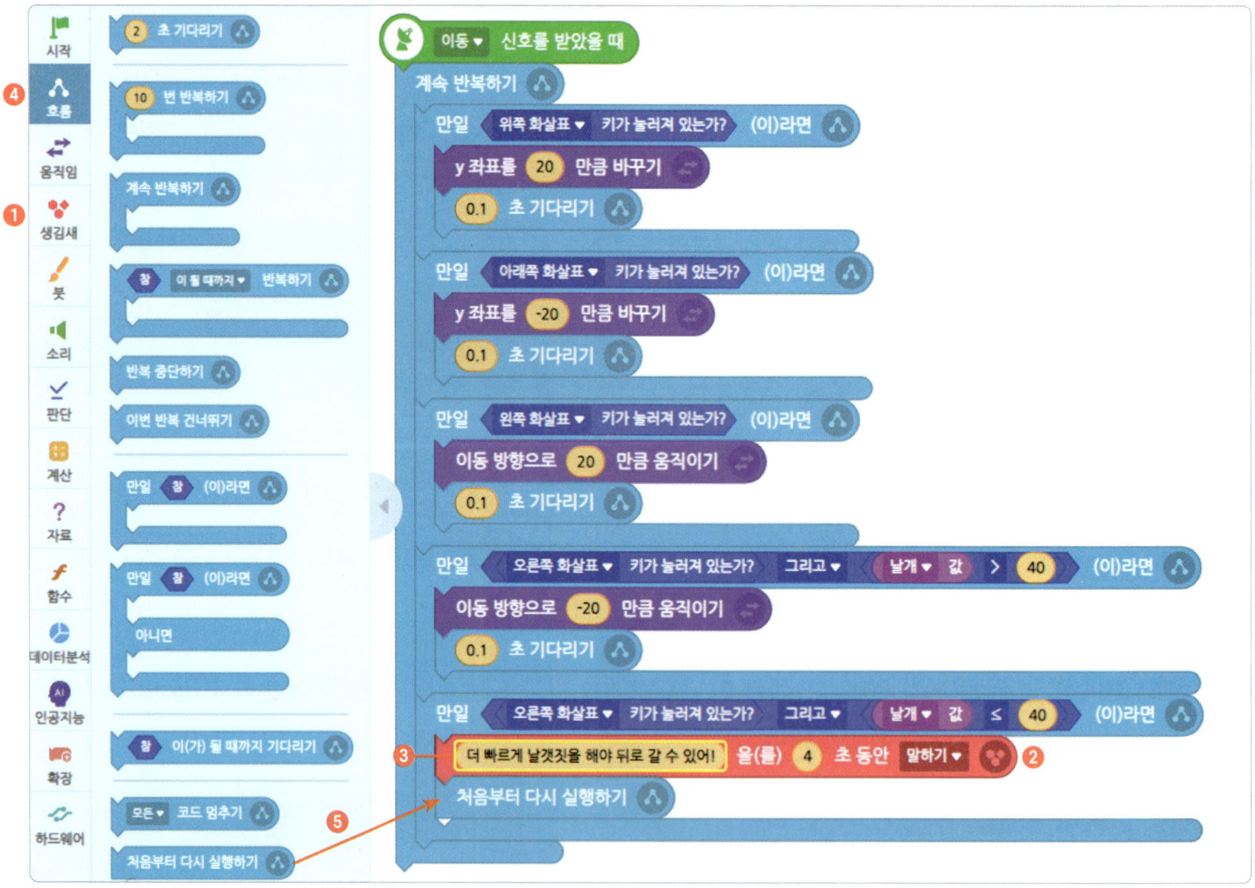

> **TIP**
> '날개' 변수값이 40 이하일 때 →를 누르면 말을 한 후 처음부터 다시 실행해요.

12 첫 번째 장면인 **[과학상식]**을 선택하고 ▶시작하기를 클릭한 후 Spacebar를 빠르게 눌러 벌새를 뒤로 이동시켜 보세요.

코딩런 미션 해결하기

01 [장면1]에서 신호를 받았을 때 초시계가 시작되고 초시계 값이 5보다 적은지 계속 확인하도록 '파리' 오브젝트에 코드를 작성해 보세요.

● 실습 및 완성 파일 : [17차시] 폴더

 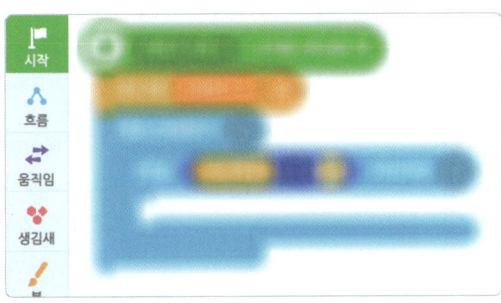

◆ HINT ◆
❶ '비비기 시작' 신호를 받으면 초시계를 시작해요.
❷ 초시계 값이 5 미만인지 계속 반복해서 확인해요.

02 초시계 값이 5 미만일 때 Enter 를 누르면 변수값이 1 증가하고 모양이 변경되도록 01번 코드 안쪽에 코드를 연결하여 추가해 보세요.

◆ HINT ◆
❶ 만일 엔터 키가 눌러져 있다면 '다리' 변수값에 '1' 만큼 더해요.
❷ '파리1' 모양과 '파리2' 모양을 '0.1'초 간격으로 변경해요.

03 벌새가 뒤로 날 수 있는 이유를 간단하게 적어보세요.

17 뒤로 날 수 있는 새가 있나요? **123**

CHAPTER 18. 자석이 밀어낼 수 있는 최대 거리는?

ENTRY

학습목표
- 조건에 맞지 않으면 계속 질문을 하고 답변을 받을 수 있습니다.
- 변수값을 비교하여 지정된 위치로 이동한 후 신호를 보낼 수 있습니다.
- 신호를 받았을 때 좌표를 바꾸거나 방향을 회전시킬 수 있습니다.

오늘의 과학 TOON — 너와 나의 거리 3cm

실습 및 완성 파일 : [18차시] 폴더

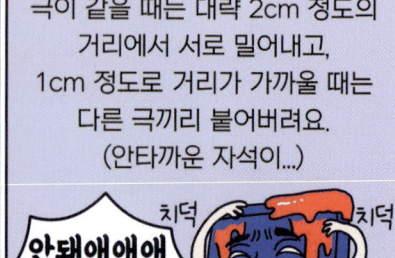

01 조건에 맞지 않을 때 계속 질문하고 답변 기다리기

01 엔트리를 실행하여 [실습 및 완성파일]-[18차시] 폴더에서 **막대자석.ent** 파일을 불러온 후 [장면1]에서 **자**를 클릭해요.

02 시작 에서 반응2 신호를 받았을 때를 블록 조립소로 드래그한 후 **답**으로 변경해요. 자료 에서 안녕! 을(를) 묻고 대답 기다리기를 연결한 후 **밀어낼 수 있는 최대 거리를 0~8 사이의 수로 입력해요:)** 로 변경해요.

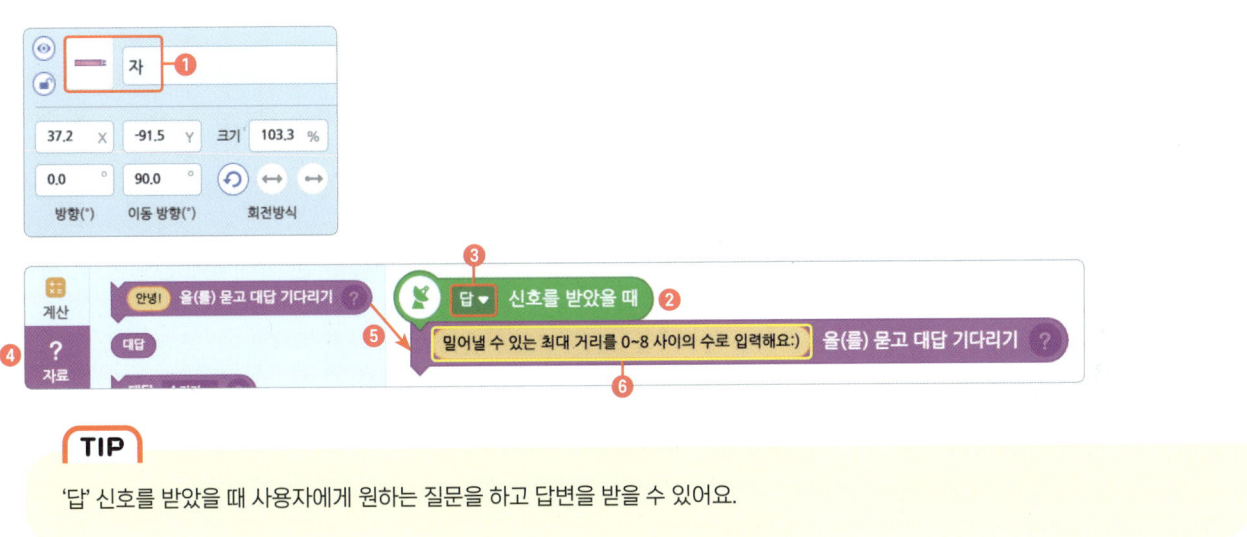

> **TIP**
> '답' 신호를 받았을 때 사용자에게 원하는 질문을 하고 답변을 받을 수 있어요.

03 대답 내용이 조건에 맞지 않으면 계속 질문을 하기 위해 흐름 에서 만일 참 (이)라면 을 연결한 후 판단 에서 참 또는 거짓 을 **참**에 끼워 넣어요.

04 2개의 조건을 동시에 판단하기 위해 10 < 10 는 **왼쪽 참**에 끼워 넣고 10 > 10 는 **오른쪽 거짓**에 끼워 넣어요. 이어서, 자료 에서 대답 을 양쪽 왼쪽 10에 끼워 넣고 **오른쪽 10을 0과 8로 변경해요.**

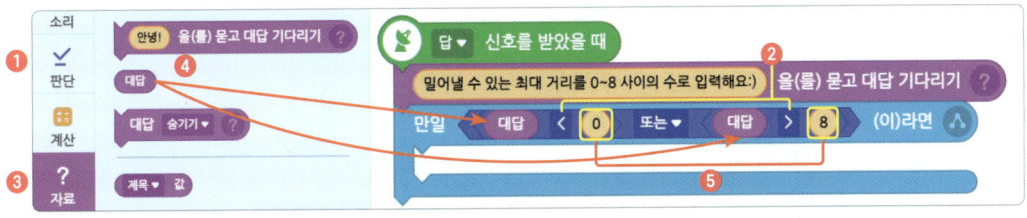

> **TIP**
> 질문에 대한 '대답'이 0보다 적거나 8보다 큰지 판단해요.

18 자석이 밀어낼 수 있는 최대 거리는? **125**

05 조건에 맞지 않았을 때 다시 질문하기 위해 생김새에서 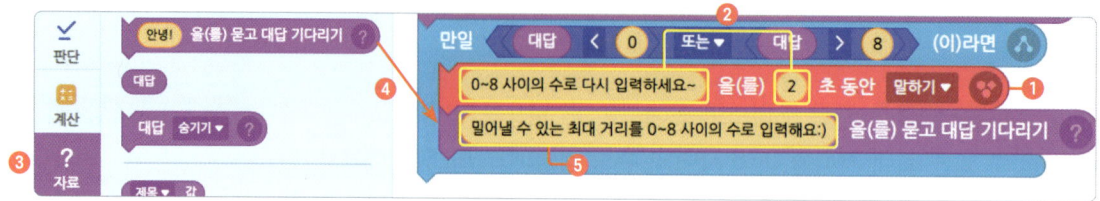를 안쪽에 연결한 후 내용(**0~8 사이의 수로 다시 입력하세요~**)과 초(**2**)를 변경해요. 이어서, 자료에서 안녕! 을(를) 묻고 대답 기다리기를 연결한 후 **밀어낼 수 있는 최대 거리를 0~8 사이의 수로 입력해요:)**로 변경해요.

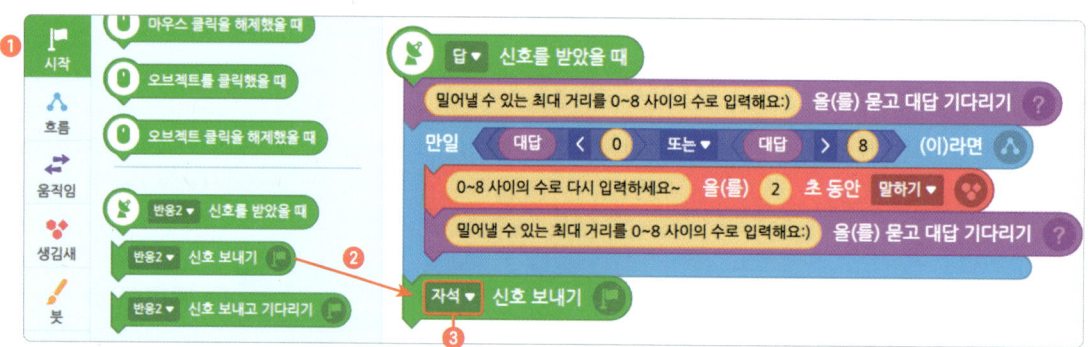

> **TIP**
> 질문에 대한 '대답'이 0~8이 아니면 2초 동안 말을 한 후 같은 질문을 다시 하고 대답을 기다려요.

06 조건에 만족하는 대답을 했을 때 신호를 보내기 위해 시작에서 반응2 신호 보내기를 맨 아래쪽에 연결한 후 **자석**으로 변경해요.

> **TIP**
> 조건에 만족하는 '대답(0~8 사이의 수를 입력)'을 입력했을 경우 결과 확인을 위해 '자석' 신호를 보내요. 첫 번째 장면인 [과학상식]을 선택하고 ▶시작하기를 클릭하여 코드 결과를 확인해 보세요.

STEP 02 '자석' 신호를 받았을 때 코드 작성하기

01 **막대자석1**을 선택한 후 시작에서 반응2 신호를 받았을 때를 블록 조립소로 드래그하여 **자석**으로 변경해요. 이어서, 흐름에서 만일 참 (이)라면을 연결해요.

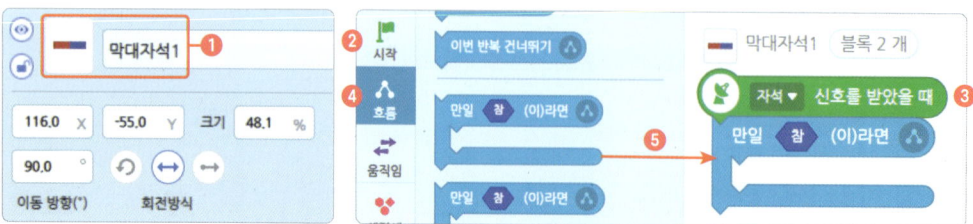

02 대답이 정답인지 판단하기 위해 [판단]에서 `10 = 10`를 참에 끼워 넣어요. 이어서, [자료]에서 `대답`을 왼쪽 10에 끼워 넣고 **오른쪽** 10을 2로 변경해요.

> **TIP**
> '자석' 신호를 받았을 때 '대답'이 2일 경우 안쪽에 연결된 블록들을 실행해요.

03 위치를 이동하기 위해 [움직임]에서 `2 초 동안 x: 10 y: 10 위치로 이동하기`를 안쪽에 연결한 후 [계산]에서 `10 x 10`을 x값 10에 끼워 넣어요.

04 [자료]에서 `대답`을 왼쪽 10에 끼워 넣고 **오른쪽** 10을 14.5로 변경한 후 초(1)와 y값(-55)을 변경해요.

> **TIP**
> 1초 동안 '대답' 값(2)에 '14.5'를 곱한 x 좌표 위치(29)와 y 좌표 위치(-55)로 이동해요.

05 반대쪽 막대자석으로 신호를 보내기 위해 [시작]에서 `반응2 신호 보내기`를 연결한 후 **반응1**로 변경해요. 이어서, [생김새]에서 `안녕! 을(를) 4 초 동안 말하기`를 연결한 후 내용(**와우~ 잘했어!**)과 초(**2**)를 변경해요.

> **TIP**
> 1초 동안 지정된 x-y 위치로 이동한 후 '막대자석' 오브젝트로 '반응1' 신호를 보내고 2초 동안 말을 해요.

06 코드를 복사하기 위해 위에서 마우스 오른쪽 버튼을 눌러 **[코드 복사 & 붙여넣기]**를 클릭해요. 복사된 코드를 아래쪽에 연결한 후 를 휴지통으로 드래그하여 삭제해요.

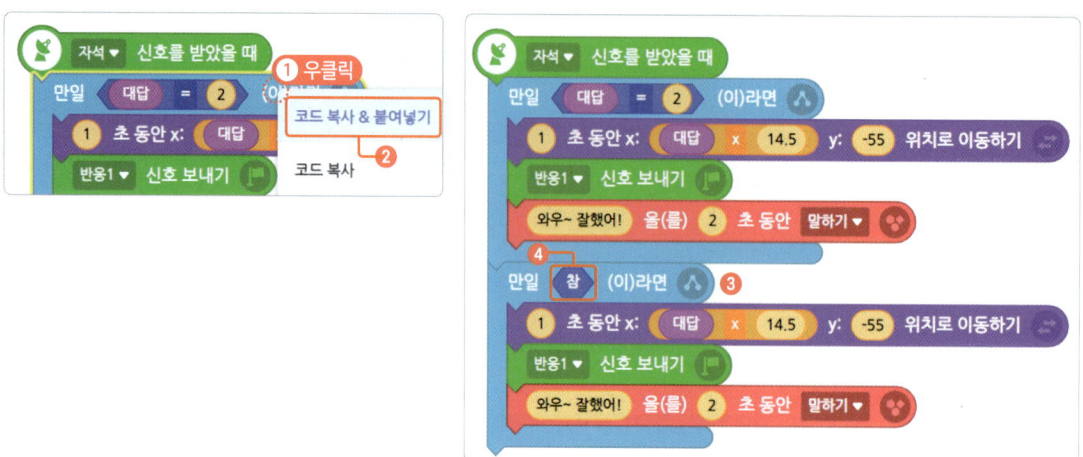

07 대답이 '0' 또는 '1'인지 판단하기 위해 판단에서 참 또는 거짓을 참에 끼워 넣은 후 10 = 10을 양쪽에 끼워 넣어요. 이어서, 자료에서 대답을 양쪽 왼쪽 10에 끼워 넣고 오른쪽 10을 0과 1로 변경해요.

08 정답이 아니면 다시 시작하기 위해 흐름에서 처음부터 다시 실행하기를 아래쪽에 연결한 후 신호(**반응2**)와 내용(**너무 가까워~**)을 변경해요.

> **TIP**
> '대답'이 0 또는 10이면 1초 동안 지정된 위치(x : 0 또는 x : 14.5)로 이동하여 '반응2' 신호를 보내고 2초 동안 말을 한 후 처음부터 다시 실행해요.

09 마지막 조건을 판단하기 위해 [만일 참 (이)라면] 위에서 마우스 오른쪽 버튼을 눌러 **[코드 복사 & 붙여넣기]**를 클릭해요. 복사된 코드를 아래쪽에 연결한 후 [대답 = 0 또는 대답 = 1] 를 휴지통으로 드래그하여 삭제해요.

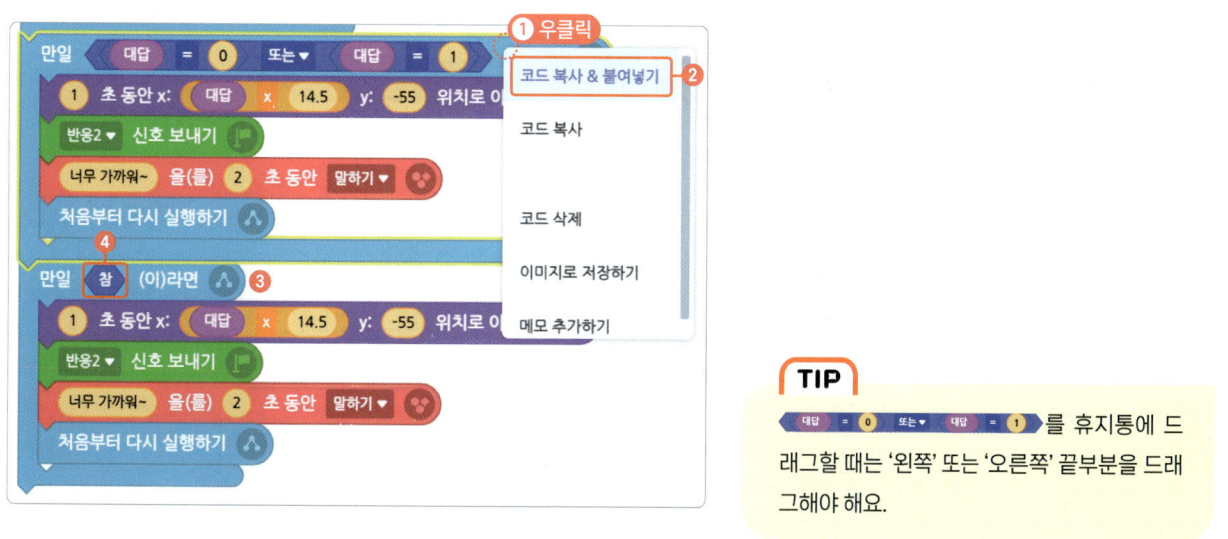

> **TIP**
> [대답 = 0 또는 대답 = 1] 를 휴지통에 드래그할 때는 '왼쪽' 또는 '오른쪽' 끝부분을 드래그해야 해요.

10 '대답'이 2보다 큰지 판단하기 위해 [판단]에서 [10 > 10]를 **참**에 끼워 넣어요. 이어서, [자료]에서 [대답]을 **왼쪽** 10에 끼워 넣고 **오른쪽 10을 2로 변경**해요.

11 내용(**너무 멀어~**)을 변경한 후 [반응2 신호 보내기] 위에서 마우스 오른쪽 버튼을 눌러 **[코드 삭제]**를 클릭해요.

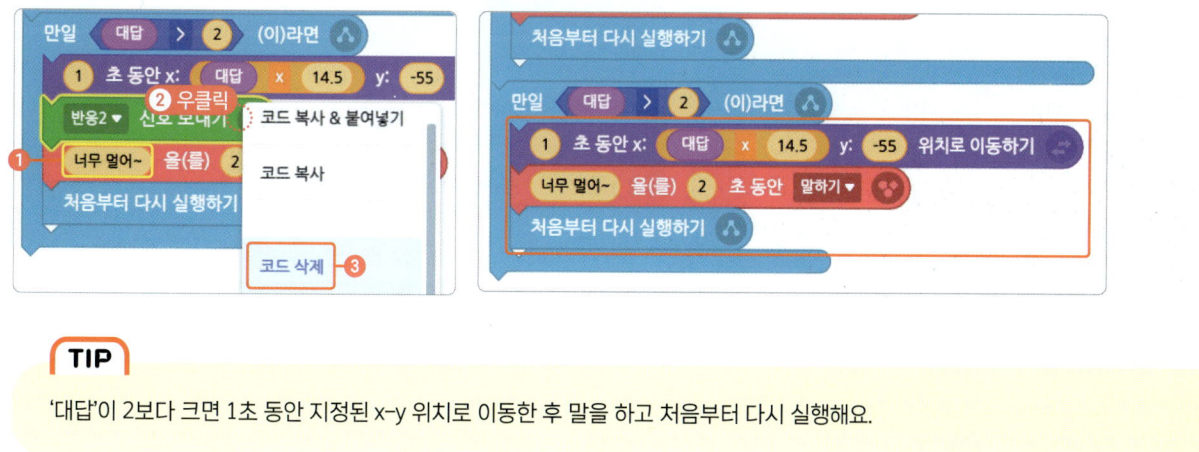

> **TIP**
> '대답'이 2보다 크면 1초 동안 지정된 x-y 위치로 이동한 후 말을 하고 처음부터 다시 실행해요.

12 첫 번째 장면인 **[과학상식]**을 선택하고 [▶시작하기]를 클릭한 후 자석이 밀어낼 수 있는 최대거리를 숫자(0~8)로 입력해 보세요.

미션 해결하기

01 [장면1]에서 '답변' 신호를 받았을 때 '대답' 변수값이 0 이하이거나 5를 초과했을 때 같은 질문을 계속하도록 '세로 자' 오브젝트에 코드를 추가해 보세요.

● 실습 및 완성 파일 : [18차시] 폴더

✦ HINT ✦
참 또는▼ 거짓 블록을 이용하여 '대답' 변수값이 '0' 이하 또는 '대답' 변수값이 '5'를 초과인지 판단해요.

02 '자석반응3' 신호를 받았을 때 x좌표를 0.01초 간격으로 20번 반복하여 움직이도록 '원형 자석' 오브젝트에 코드를 작성해 보세요.

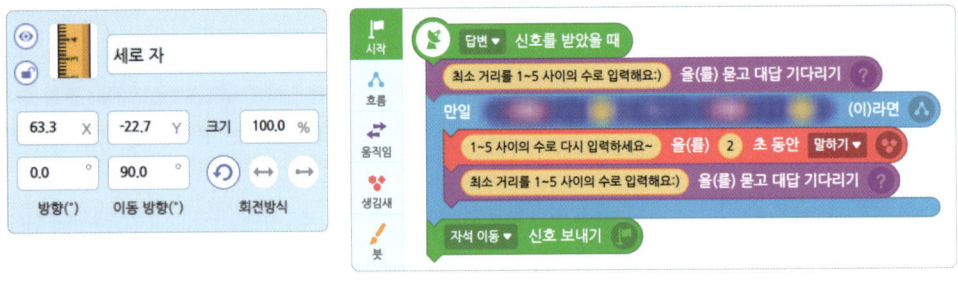

✦ HINT ✦
❶ '자석반응3' 신호를 받았을 때 20번 반복해서 안쪽의 블록들을 실행해요.
❷ x좌표를 -3만큼 바꾼 후 0.01초를 기다렸다가 3만큼 바꾼 후 다시 0.01초를 기다려요.

03 학교에서 많이 사용하는 막대자석이 같은 극으로 밀어낼 수 있는 최대 거리는 대략 얼마일까요?

CHAPTER 19 무거운 돌을 쉽게 옮기는 방법은?

ENTRY

학습목표
- 신호를 받았을 때 질문을 하고 답변을 받을 수 있습니다.
- 변수와 글자 합치기를 이용하여 긴 문장의 글을 쓸 수 있습니다.
- 답변을 이용하여 필요한 힘을 계산한 후 변수로 정할 수 있습니다.

오늘의 과학 TOON — 이걸 모르면 몸이 고생

실습 및 완성 파일 : [19차시] 폴더

무거운 짐을 옮길 때 경사면을 잘 이용하면, 힘을 분산하여 더 쉽게 옮길 수 있답니다. 경사면이 가파를수록 필요한 힘이 훨씬 많아지고, 훨씬 힘들어지는 법!

STEP 01 '입력' 신호를 받았을 때 질문을 한 후 답변 받기

01 엔트리를 실행하여 [실습 및 완성파일]-[19차시] 폴더에서 **피라미드.ent** 파일을 불러온 후 [**장면1**]에서 **사람**을 클릭해요.

02 에서 를 블록 조립소로 드래그해요. 이어서, 에서 를 연결한 후 **옮길 돌의 무게를 350KG 이하로 입력해! 단, 반드시 숫자(예 : 150)로 입력해야 해!**로 변경해요.

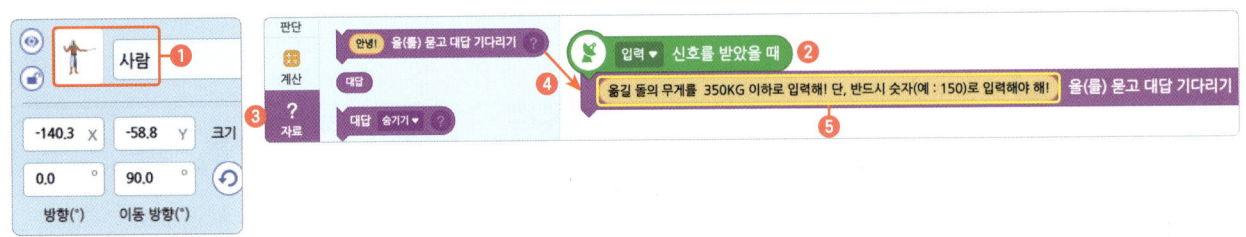

> **TIP**
> '글상자' 오브젝트에서 돌을 옮기는 방법을 실행화면에 보여준 후 '입력' 신호를 보내요.

03 질문 후 신호를 보내기 위해 에서 를 연결한 후 **설명**으로 변경해요.

> **TIP**
> 질문에 대한 '대답'을 받으면 '글상자' 오브젝트로 '설명' 신호를 보내서 '대답' 내용을 글로 써서 보여줘요.

STEP 02 질문에 대한 '대답' 내용과 문장을 연결하여 글로 쓰기

01 **글상자**를 선택한 후 에서 를 블록 조립소로 드래그하고 **설명**으로 변경해요. 이어서, 에서 를 연결해요.

02 '대답'과 문장을 합쳐서 글을 쓰기 위해 [가 글상자]에서 [엔트리 라고 글쓰기]를 연결한 후 [계산]에서 [안녕! 과(와) 엔트리 를 합치기]를 내용(엔트리)에 끼워 넣어요. 이어서, 문장을 길게 연결하기 위해 [안녕! 과(와) 엔트리 를 합치기]를 엔트리에 끼워 넣어요.

03 [? 자료]에서 [대답]을 가운데 안녕에 끼워 넣은 후 안녕(**경사로 각도를 몇 도 이하로 해야**)과 엔트리(**KG의 돌을 옮길 수 있을까?**)를 변경해요.

> **TIP**
> '대답'이 만약 '100'이라면 2개의 문장과 대답을 연결하여 하나의 문장(경사로 각도를 몇 도 이하로 해야 100KG의 돌을 옮길 수 있을까?)으로 글을 써서 보여줘요.

04 7초 후에 모양을 숨기고 신호를 보내기 위해 [호름]에서 [2초 기다리기]와 [생김새]에서 [모양 숨기기]를 연결한 후 초를 7로 변경해요. 이어서, [시작]에서 [입력▼ 신호 보내기]를 연결한 후 **문제**로 변경해요.

> **TIP**
> 첫 번째 장면인 [과학상식]을 선택하고 [▶시작하기]를 클릭하여 코드 결과를 확인해 보세요.

'15도' 신호를 받았을 때 필요한 힘을 계산하여 처리하기

01 돌 이동을 선택한 후 [시작]에서 [입력 ▼ 신호를 받았을 때]를 블록 조립소로 드래그한 후 15도로 변경해요. 이어서, [움직임]에서 [x: 0 y: 0 위치로 이동하기]와 [생김새]에서 [모양 보이기]를 연결한 후 x(109)와 y(-28)를 변경해요.

> **TIP**
> '15도' 신호를 받으면 지정된 x-y 위치로 이동한 후 실행화면에 나타나요.

02 계산 결과를 '이동' 변수값으로 정하기 위해 [자료]에서 [이동 ▼ 을 10 (으)로 정하기]를 연결한 후 [계산]에서 [10 x 10]을 10에 끼워 넣어요. 이어서, 곱셈을 추가하기 위해 [10 x 10]을 오른쪽 10에 끼워 넣어요.

03 공식에 맞추어 필요한 힘을 계산하기 위해 [자료]에서 [대답]을 왼쪽 10에 끼워 넣은 후 가운데 10(9.8)과 오른쪽 10(0.2588)을 변경해요.

> **TIP**
> 필요한 힘을 계산하는 공식은 '질량(대답)*9.8(중력 가속도)*경사각(0.2588)'이며, 경사각 '0.2588'은 15도를 의미해요. 만약 100kg의 물체를 15도인 경사로를 이용하여 옮긴다면 100*9.8*0.2588 = 253.6의 힘이 필요해요. 만약 경사가 없다면 최대 980(100*9.8)의 힘이 필요해요.

04 최대 힘(980)과 계산된 힘('이동' 변수값)을 비교하여 처리하기 위해 호름 에서  을 연결한 후 판단 에 서 `10 < 10` 를 **참**에 끼워 넣어요. 이어서, 자료 에서 `이동▼ 값` 을 왼쪽 10에 끼워 넣고 **오른쪽 10**을 **980**으로 변경해요.

> **TIP**
> 최대 힘(980)보다 계산된 힘('이동' 변수값)이 적으면 '(이)라면' 안쪽의 블록을 실행하고, 그렇지 않으면 '아니면' 안쪽의 블록을 실행해요. 최대 힘 980은 질량(100)*중력가속도(9.8)로 계산한 결과예요.

05 계산된 힘의 값이 980보다 적다면 돌을 옮길 수 있기 때문에 움직임 에서 `2 초 동안 x: 10 y: 10 위치로 이동하기` 를 (이)라면 안쪽에 연결하고 x값(**−80**)과 y값(**18**)을 변경해요.

06 생김새 에서 `안녕! 을(를) 4 초 동안 말하기▼` 를 연결한 후 내용(**덕분에 쉽게 옮겼어!**)과 초(**2**)를 변경해요.

> **TIP**
> '이동' 변수값이 980보다 적다면 2초 동안 지정된 x-y 위치로 이동한 후 말을 해요.

07 계산된 힘의 값이 980보다 크다면 돌을 옮길 수 없으므로 생김새 에서 안녕! 을(를) 4 초 동안 말하기 를 **아니면** 안쪽에 연결한 후 내용(**무거워서 못 옮겨 ㅠㅠ**)과 초(**3**)를 변경해요.

> **TIP**
> '이동' 변수값이 최대값(980)보다 크다면 3초 동안 무거워서 못 옮긴다고 말을 해요.

STEP 04 코드를 복사하여 '30도'와 '45도' 신호 코드 작성하기

01 코드를 복사하기 위해 15도 신호를 받았을 때 위에서 마우스 오른쪽 버튼을 눌러 [**코드 복사 & 붙여넣기**]를 클릭한 후 복사된 코드를 아래쪽으로 드래그해요.

02 복사된 코드에서 **신호(30도), x값(33), y값(-30), 0.2588(0.5)**를 변경해요.

> **TIP**
> '30도' 신호를 받았을 때 '이동' 변수값이 980보다 적다면 2초 동안 지정된 x-y 위치로 이동한 후 말을 하고, 그렇지 않으면 3초 동안 무거워서 못 옮긴다고 말해요.

03 코드를 복사하기 위해 [30도 신호를 받았을 때] 위에서 마우스 오른쪽 버튼을 눌러 [**코드 복사 & 붙여넣기**]를 클릭한 후 복사된 코드를 아래쪽으로 드래그해요.

04 복사된 코드에서 **신호(45도), x값(-16), y값(-27), 0.5(0.707)**를 변경해요.

> **TIP**
> '45도' 신호를 받았을 때 '이동' 변수값이 980보다 적다면 2초 동안 지정된 x-y 위치로 이동한 후 말을 하고, 그렇지 않으면 3초 동안 무거워서 못 옮긴다고 말해요.

05 첫 번째 장면인 [**과학상식**]을 선택하고 ▶시작하기 를 클릭한 후 이동할 무게를 입력하고 경사 각도를 선택해요.

01 [장면1]에서 '입력' 신호를 받았을 때 질문을 한 후 '설명' 신호를 보내도록 '설명하는 사람' 오브젝트에 코드를 작성해 보세요.

● 실습 및 완성 파일 : [19차시] 폴더

◆ HINT ◆
'입력' 신호를 받았을 때 "옮길 돌의 무게를 190KG 이하로 입력해! 단, 반드시 숫자(예 : 80)로 입력해야 해!"로 묻고 대답을 기다린 후 '설명' 신호를 보내요.

02 '설명' 신호를 받았을 때 실행화면에 나타나 '대답'과 문장을 연결하여 글을 쓰고 '문제' 신호를 보내도록 '글상자' 오브젝트에 코드를 작성해 보세요.

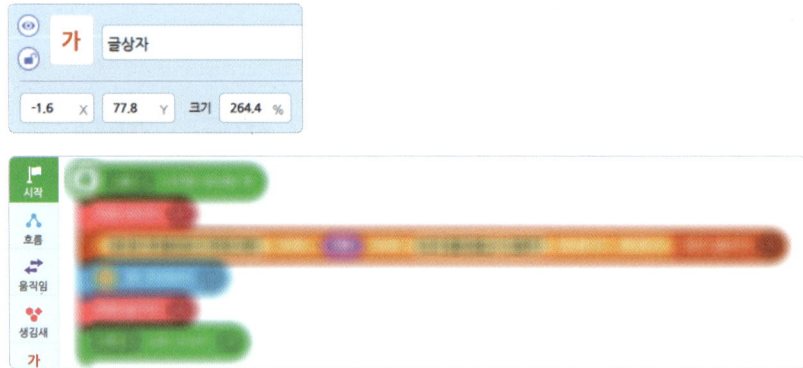

◆ HINT ◆
❶ '설명' 신호를 받았을 때 실행화면에 모양이 보여요.
❷ "경사로 각도를 몇 도 이하로 해야"와 대답 과 "KG의 돌을 옮길 수 있을까?"를 합쳐서 글을 써요.
❸ 6초 후에 모양을 숨긴 후 '문제' 신호를 보내요.

03 사람이 무거운 돌을 옮길 때 좀 더 쉽게 옮길 수 있는 방법을 적어보세요.

시소의 무게 중심점을 찾아보세요.

ENTRY

학습목표

- 2개의 변수값을 비교하여 오브젝트의 방향을 회전시킬 수 있습니다.
- 변수값을 비교하여 x좌표를 바꾸고 변수값에 1을 더할 수 있습니다.
- 변수값을 비교하여 정해진 시간 동안 지정된 위치로 움직일 수 있습니다.

오늘의 과학 TOON   정정당당한 몸무게

실습 및 완성 파일 : [20차시] 폴더

STEP 01 '하마 위치'와 '어린이 위치' 변수값을 비교하여 수평 결과 확인하기

01 엔트리를 실행하여 [실습 및 완성파일]-[20차시] 폴더에서 **시소.ent** 파일을 불러온 후 [**장면1**]에서 **시소눈금**을 클릭해요.

02 시작 에서 설명끝▼ 신호를 받았을 때를 블록 조립소로 드래그한 후 **시작**으로 변경해요. 이어서, 흐름 에서 2 초 기다리기 와 만일 참 (이)라면 을 연결한 후 초를 1로 변경해요.

03 양쪽 무게가 같은지 판단하기 위해 판단 에서 10 = 10 를 참에 끼워 넣어요. 이어서, 계산 에서 10 x 10 을 양쪽 10에 끼워 넣은 후 아래 그림처럼 **양쪽 왼쪽 10**을 60과 30으로 변경해요.

04 자료 에서 어린이 위치▼ 값 을 양쪽 오른쪽 10에 끼워 넣은 후 왼쪽 변수값만 **하마 위치**로 변경해요. 이어서, 생김새 에서 안녕! 을(를) 4 초 동안 말하기▼ 를 안쪽에 연결한 후 내용(**와우~ 성공이야~**)과 초(**2**)를 변경해요.

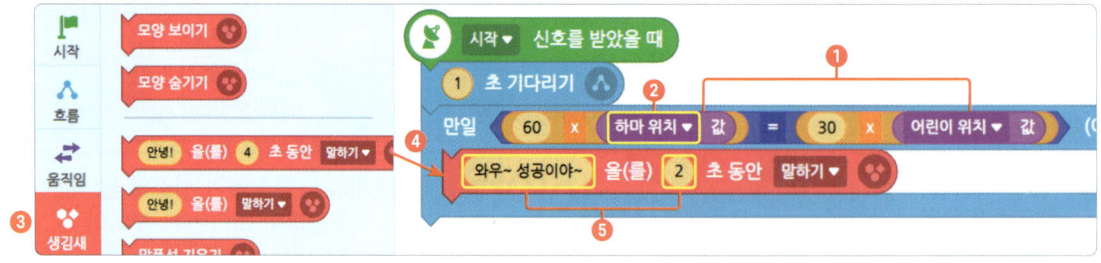

> **TIP**
> '하마 몸무게(60)x하마 위치 변수값(하마 시소 위치 : 1~6)'과 '어린이 몸무게(30)x어린이 위치 변수값(어린이 시소 위치 : 1~9)'이 같으면 시소가 수평이 되어 성공을 말해요.

05 코드를 복사하기 위해 [만일 참 (이)라면] 위에서 마우스 오른쪽 버튼을 눌러 **[코드 복사 & 붙여넣기]**를 클릭한 후 복사된 코드를 아래쪽에 연결해요.

06 복사된 코드에서 [와우~ 성공이야~ 을(를) 2 초 동안 말하기▼]를 휴지통으로 드래그하여 삭제한 후 부등호(>)를 변경해요.

07 하마 무게가 더 많은지 확인하기 위해 [흐름]에서 [10 번 반복하기]를 안쪽에 연결하고 [2 초 기다리기]를 반복하기 안쪽에 연결한 후 반복 횟수(3)와 초(0.03)를 변경해요. 이어서, [움직임]에서 [방향을 90° 만큼 회전하기]를 반복하기 안쪽에 연결한 후 −5로 변경해요.

> **TIP**
> '어린이'보다 '하마' 무게가 더 많으면 시소 방향을 −5도씩 총 3번 반복(−15도)하여 '하마' 쪽으로 시소가 내려가도록 방향을 바꿔요.

08 코드를 복사하여 어린이 무게가 더 많은지 확인하기 위해 [만일 참 (이)라면] 위에서 마우스 오른쪽 버튼을 눌러 **[코드 복사 & 붙여넣기]**를 클릭해요.

09 복사된 코드를 아래쪽에 연결한 후 부등호(<)와 방향(5)을 변경해요.

> **TIP**
> '하마'보다 '어린이' 무게가 더 많으면 시소 방향을 5도씩 총 3번 반복(15도)하여 '어린이' 쪽으로 시소가 내려가도록 방향을 바꿔요.

STEP 02 '어린이' 시소 위치 변경하기

01 어린이를 선택한 후 에서 `설명끝 신호를 받았을 때`를 블록 조립소로 드래그하여 **어린이 오른쪽**으로 변경해요. 이어서, `흐름`에서 `만일 참 (이)라면`을 연결해요.

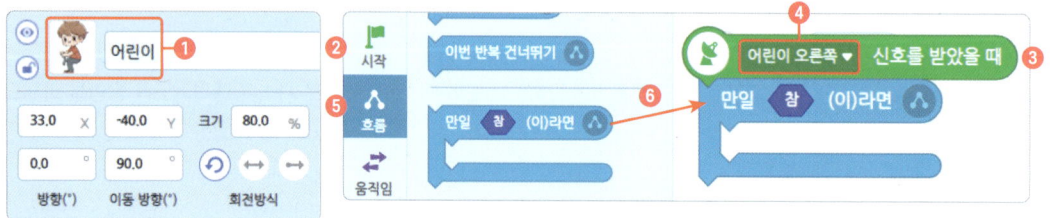

02 '어린이' 위치 변수값이 '9' 보다 적은지 판단하기 위해 `판단`에서 `10 < 10`를 **참**에 끼워 넣어요. 이어서, `자료`에서 `어린이 위치 ▼ 값`을 **왼쪽** 10에 끼워 넣고 **오른쪽** 10을 9로 변경해요.

> **TIP**
> '어린이 오른쪽' 신호를 받았을 때 '어린이 위치' 변수값이 '9' 미만인지 확인해요.

03 '어린이 위치' 변수값이 '9' 보다 적으면 오른쪽으로 이동시키기 위해 [움직임]에서 `x좌표를 10 만큼 바꾸기` 를 안쪽에 연결한 후 15로 변경해요. 이어서, [자료]에서 `어린이 위치▼ 에 10 만큼 더하기` 를 연결한 후 1로 변경해요.

> **TIP**
> '어린이 오른쪽' 신호를 받았을 때 '어린이 위치' 변수값이 '9' 미만이면 x좌표를 15만큼 오른쪽으로 이동한 후 '어린이 위치' 변수값에 '1'을 더해요.

04 코드를 복사하여 '어린이 왼쪽' 신호 코드를 작성하기 위해 `어린이 오른쪽▼ 신호를 받았을 때` 위에서 마우스 오른쪽 버튼을 눌러 [코드 복사 & 붙여넣기]를 클릭한 후 복사된 코드를 아래쪽으로 드래그해요.

05 복사된 코드에서 **신호(어린이 왼쪽), 부등호(>), 판단값(1), x좌표(-15), 변수값(-1)**을 변경해요.

> **TIP**
> '어린이 왼쪽' 신호를 받았을 때 '어린이 위치' 변수값이 '1' 보다 크면 x좌표를 -15만큼 왼쪽으로 이동한 후 '어린이 위치' 변수값에 '-1'을 더해요.

STEP 03 무게 결과에 맞추어 어린이 위치 변경하기

01 어린이가 선택된 상태에서 에서 `설명끝▼ 신호를 받았을 때` 를 블록 조립소로 드래그한 후 **시작**으로 변경해요. 이어서, [흐름]에서 `2 초 기다리기` 를 연결한 후 1로 변경해요.

20 시소의 무게 중심점을 찾아보세요. **143**

02 다른 오브젝트의 코드를 복사하여 사용하기 위해 **시소눈금**을 선택한 후 맨 아래쪽에 연결된  위에서 마우스 오른쪽 버튼을 눌러 [**코드 복사**]를 클릭해요.

03 **어린이**를 선택한 후 블록 조립소에서 마우스 오른쪽 버튼을 눌러 [**붙여넣기**]를 클릭하고 아래쪽에 연결해요.

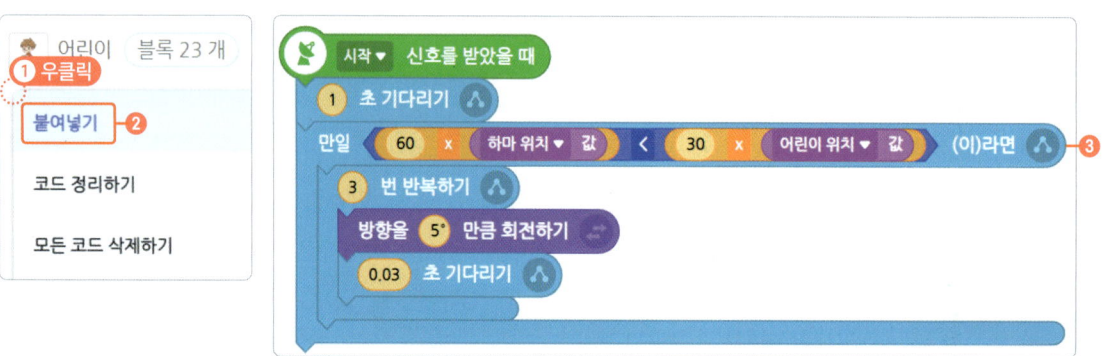

04 안쪽의 블록을 휴지통으로 드래그하여 삭제한 후 움직임에서 `2 초 동안 x: 10 y: 10 만큼 움직이기`를 안쪽에 연결하고 초(**0.09**)와 x값(**0**)을 변경해요.

05 '하마'보다 '어린이' 무게가 더 무겁다면 시소 기울기에 맞추어 '어린이'를 아래쪽으로 이동시키기 위해 계산 에서 `10 x 10` 을 y 10에 끼워 넣은 후 **오른쪽 10**을 **-6**으로 변경해요. 이어서, 자료 에서 `어린이 위치▼ 값` 을 **왼쪽 10**에 끼워 넣어요.

> **TIP**
> '하마'보다 '어린이' 무게가 더 많으면 '어린이' 오브젝트가 현재 위치에서 아래쪽으로 내려오도록 '어린이 위치' 변수값에 -6을 곱하여 y 좌표값을 음수로 지정해요.

06 코드를 복사하여 '하마' 무게가 더 무거울 때 시소 기울기에 맞추어 위쪽으로 이동시키기 위해 `만일 참 (이)라면` 위에서 마우스 오른쪽 버튼을 눌러 **[코드 복사 & 붙여넣기]**를 클릭한 후 복사된 코드를 아래쪽에 연결해요. 이어서, 부등호(>)와 곱셈값(6)을 변경해요.

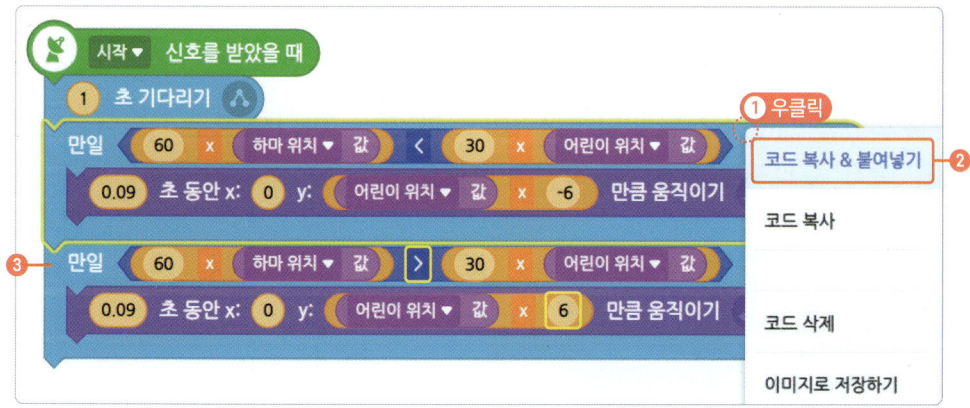

> **TIP**
> '어린이'보다 '하마' 무게가 더 많으면 '어린이' 오브젝트가 현재 위치에서 위쪽으로 올라가도록 '어린이 위치' 변수값에 6을 곱하여 y 좌표값을 양수로 지정해요.

07 첫 번째 장면인 **[과학상식]**을 선택하고 `▶ 시작하기`를 클릭하여 '하마 위치' 변수값을 확인한 후 시소가 수평이 될 수 있도록 좌-우 화살표를 눌러 어린이 위치를 변경해요.

미션 해결하기

01 [설명]에서 장면이 시작되었을 때 대답을 숨기고 3초 동안 2번 말을 한 후 '다음' 장면이 시작되도록 '박사' 오브젝트에 코드를 작성해 보세요.

● 실습 및 완성 파일 : [20차시] 폴더

✦ HINT ✦
❶ 장면이 시작되면 대답을 숨겨요.
❷ 3초 동안 "시소의 원리를 이해했나요?"를 말한 후 다시 3초 동안 "그럼 다음 문제를 맞혀봐요~"라고 말하고 다음 장면을 시작해요.

02 '결과확인' 신호를 받았을 때 변수값을 판단하여 '(이)라면' 또는 '아니면'으로 처리한 후 모든 코드가 멈추도록 '박사' 오브젝트에 코드를 작성해 보세요.

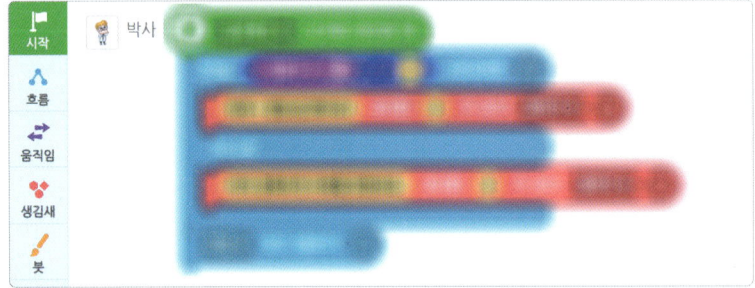

✦ HINT ✦
❶ '결과확인' 신호를 받았을 때 '정답수' 변수값이 '2'와 같은지 판단하여 '(이)라면 ~ 아니면'으로 처리해요.
❷ 만일 참이면 "와우~ 정말 잘 했어요!"를 3초 동안 말하고, 아니면 "아직 정확하게 이해를 못했네요."를 3초 동안 말해요.
❸ 참(이라면) 또는 거짓(아니면)으로 결과가 판별되면 모든 코드를 멈춰요.

03 거리를 무시한 상태로 몸무게가 100kg인 성인과 25kg인 학생이 시소를 탈 때 수평을 맞추기 위해서는 학생이 몇 명 타야 할까요?

CHAPTER 21

공기저항에 따른 낙하 속도의 변화

ENTRY

학습목표

- 오브젝트를 클릭했을 때 변수에 값을 더하고 신호를 보낼 수 있습니다.
- 신호를 받았을 때 변수값을 합쳐서 글을 쓸 수 있습니다.
- 변수값을 이용하여 지정된 위치까지 y좌표를 변경할 수 있습니다.

 꿈☆은 이루어진다!

실습 및 완성 파일 : [21차시] 폴더

21 공기저항에 따른 낙하 속도의 변화 **147**

오브젝트를 클릭했을 때 변수값에 10만큼 더하기

01 엔트리를 실행하여 [실습 및 완성파일]-[21차시] 폴더에서 **구슬.ent** 파일을 불러온 후 [**장면1**]에서 **크기 변경2**를 클릭해요.

02 시작에서 '오브젝트를 클릭했을 때'를 블록 조립소로 드래그한 후 흐름에서 '만일 참 (이)라면'을 연결해요.

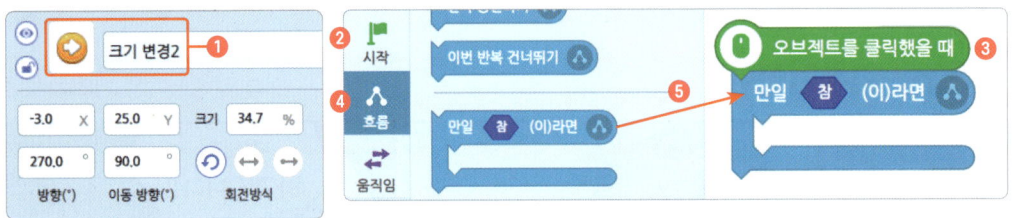

03 '크기2' 변수값이 40보다 적은지 판단하기 위해 판단에서 '10 < 10'를 참에 끼워 넣은 후 **오른쪽** 10을 40으로 변경해요. 이어서, 자료에서 '결과값 값'을 왼쪽 10에 끼워 넣은 후 **크기2**로 변경해요.

04 오브젝트를 클릭할 때마다 변수값에 10만큼 더하기 위해 자료에서 '결과값에 10 만큼 더하기'를 안쪽에 연결한 후 **크기2**로 변경해요. 이어서, 시작에서 '크기변경2 신호 보내기'를 연결해요.

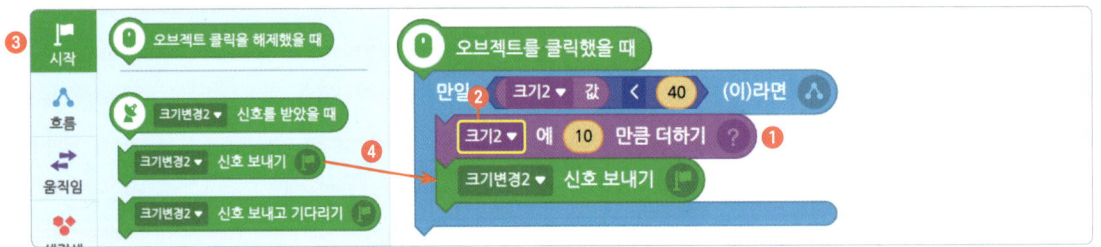

TIP

'크기 변경2' 오브젝트를 클릭했을 때 '크기2' 변수값이 '40' 미만인 경우 '크기2' 변수값에 10만큼 더한 후 '쇠구슬2' 오브젝트로 '크기 변경2' 신호를 보내요.

05 코드를 복사하기 위해 [오브젝트를 클릭했을 때] 위에서 마우스 오른쪽 버튼을 눌러 **[코드 복사]**를 클릭한 후 오브젝트 목록에서 **크기 변경1**을 선택해요.

06 블록 조립소에서 마우스 오른쪽 버튼을 눌러 **[붙여넣기]**를 클릭한 후 변수(**크기1**)와 신호(**크기변경1**)를 변경해요.

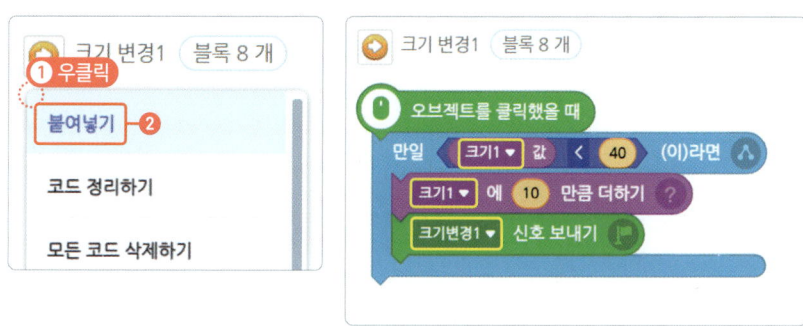

> **TIP**
> '크기 변경1' 오브젝트를 클릭했을 때 '크기1' 변수값이 '40' 미만인 경우 '크기1' 변수값에 10만큼 더한 후 '쇠구슬1' 오브젝트로 '크기 변경1' 신호를 보내요.

변수값과 글자를 합쳐서 글쓰기

01 **크기2**를 선택한 후 [시작]에서 [크기변경2 신호를 받았을 때]를 블록 조립소로 드래그한 후 [글상자]에서 [엔트리 라고 글쓰기 가]를 연결해요.

21 공기저항에 따른 낙하 속도의 변화   **149**

02 변수값과 글자를 합치기 위해 계산에서 안녕! 과(와) 엔트리 를 합치기 를 **내용(엔트리)**에 끼워 넣은 후 **엔트리를 CM**으로 변경해요. 이어서, 자료에서 결과값▼ 값 을 안녕!에 끼워 넣은 후 **크기2**로 변경해요.

TIP
'쇠구슬2' 오브젝트가 보낸 '크기변경2' 신호를 받으면 '크기2' 변수값에 'CM'을 합쳐서 실행화면에 글을 써요.

03 코드를 복사하기 위해 크기변경2▼ 신호를 받았을 때 위에서 마우스 오른쪽 버튼을 눌러 **[코드 복사]**를 클릭한 후 **크기1**에 붙여 넣어요. 이어서, 변수(**크기1**)와 신호(**크기변경1**)를 변경해요.

▲ '크기2' 오브젝트　　　　　　▲ '크기1' 오브젝트

TIP
'쇠구슬1' 오브젝트가 보낸 '크기변경1' 신호를 받으면 '크기1' 변수값에 'CM'을 합쳐서 실행화면에 글을 써요.

 구슬 실험을 위해 '쇠구슬2' 오브젝트에 코드 작성하기

01 **쇠구슬2**를 선택한 후 시작에서 크기변경2▼ 신호를 받았을 때 를 블록 조립소로 드래그한 후 생김새에서 크기를 10 만큼 바꾸기 를 연결하고 **5**로 변경해요.

TIP
'크기 변경2' 오브젝트에서 보낸 '크기변경2' 신호를 받으면 '쇠구슬2'의 크기가 5만큼 커져요.

02 오브젝트를 클릭했을 때 변수와 신호를 처리하기 위해 [시작]에서 [오브젝트를 클릭했을 때]를 블록 조립소로 드래그한 후 [자료]에서 [결과값▼ 를 10 (으)로 정하기]를 연결하여 **선택**과 **1**로 변경해요. 이어서, [시작]에서 [크기변경2▼ 신호 보내기]를 연결한 후 **선택**으로 변경해요.

> **TIP**
> 오브젝트를 클릭하면 '선택' 변수값을 1로 정한 후 '선택' 신호를 보내요.

03 '선택' 신호를 받았을 때 '쇠구슬2'를 떨어뜨리기 위해 [시작]에서 [크기변경2▼ 신호를 받았을 때]를 블록 조립소로 드래그한 후 **선택**으로 변경해요. 이어서, [흐름]에서 [2 초 기다리기]를 연결한 후 **1**로 변경해요.

> **TIP**
> '쇠구슬2'가 선택된 상태에서 새로운 코드를 추가하여 작업해요. '쇠구슬2' 오브젝트에는 현재 '선택' 신호 작업까지 총 3개의 코드가 있어요.

04 판단이 '참'인 동안만 반복 실행하기 위해 [흐름]에서 [참 이 될 때까지▼ 반복하기]를 연결한 후 **인 동안**으로 변경해요. 이어서, [판단]에서 [10 > 10]를 참에 끼워 넣고 **오른쪽 10**을 **−75**로 변경해요.

> **TIP**
> '~인 동안'은 조건이 '참'인 동안만 안쪽에 감싸고 있는 블록들을 반복해서 실행해요. 만약, 조건이 거짓이 되면 반복 실행을 멈춰요.

05 ⬚계산 에서 `크기 변경2▼ 의 x좌푯값▼`을 왼쪽 10에 끼워 넣고 **쇠구슬2**와 **y 좌푯값**으로 변경해요. 이어서, ⇄움직임 에서 `y 좌표를 10 만큼 바꾸기`를 안쪽에 연결해요.

> **TIP**
> '선택' 신호를 받았을 때 '쇠구슬2' 오브젝트의 y 좌푯값이 −75보다 적을 때까지 안쪽의 블록들을 반복 실행해요.

06 y 좌표값을 음수로 만들기 위해 ⬚계산 에서 `10 x 10`을 10에 끼워 넣은 후 **오른쪽 10을 −1**로 변경해요. 이어서, ?자료 에서 `결과값▼ 값`을 왼쪽 10에 끼워 넣은 후 **속도2**로 변경해요.

> **TIP**
> '쇠구슬2'가 아래로 떨어지도록 '속도2' 변수값에 '−1'을 곱해 음수로 만들어요.

07 '속도2' 변수값에 지정된 값을 더하기 위해 ?자료 에서 `결과값▼ 에 10 만큼 더하기`를 연결한 후 **속도2**로 변경해요. 이어서, ⬚계산 에서 `10 + 10`을 10에 끼워 넣은 후 **왼쪽 10을 1**로 변경해요.

08 '크기2' 변수값을 속도로 사용하기 위해 계산 에서 10 x 10 을 오른쪽 10에 끼워 넣은 후 오른쪽 10을 -0.02로 변경해요. 이어서, 자료 에서 결과값 값 을 왼쪽 10에 끼워 넣은 후 크기2로 변경해요.

09 선택한 쇠구슬이 더 빨리 떨어졌는지 확인하기 위해 시작 에서 크기변경2 신호 보내기 를 맨 아래에 연결한 후 결과로 변경해요.

TIP
'크기2' 변수값에 -0.02를 곱하여 속도로 사용할 수 있도록 값의 크기를 줄여요(예 : 40*-0.02=-0.8). 사이즈가 작은 쇠구슬이 더 높은 값이 나오도록 계산 결과에 1을 더해요.(예 : 40*-0.02=-0.8 → 1+-0.8=0.2 / 10*-0.02=-0.2 → 1+-0.2=0.8)

10 쇠구슬2의 모든 코드(3개)를 복사하여 쇠구슬1에 붙여 넣어요. 이어서, 아래 그림처럼 신호, 변수, 변수값, y 좌푯값 대상을 각각 변경해요.

11 첫 번째 장면인 [과학상식]을 선택하고 ▶시작하기를 클릭하여 크기를 변경한 후 먼저 떨어질 것 같은 쇠구슬 선택하여 결과를 확인해요.

미션 해결하기

01 [장면1]에서 오브젝트를 클릭했을 때 신호를 보내고, 신호를 받았을 때 지정된 x-y 위치로 이동하도록 '볼링공' 오브젝트에 코드를 작성해 보세요.

● 실습 및 완성 파일 : [21차시] 폴더

✦ HINT ✦
① 오브젝트를 클릭하면 '시작' 신호를 보내요.
② '시작' 신호를 받으면 1초를 기다렸다가 5초 동안 x : -120, y : -100 위치로 이동해요.

02 '볼링공'의 모든 코드를 복사하여 '테니스공'과 '깃털' 오브젝트에 붙여 넣은 후 x좌표값을 수정하고 '깃털' 오브젝트에만 '결과' 신호 보내기 블록을 추가해요.

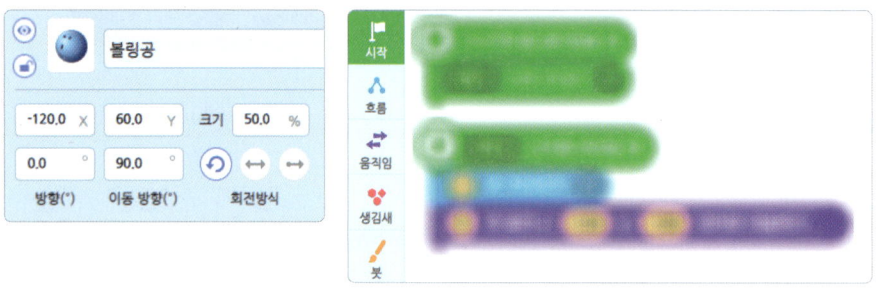

✦ HINT ✦
① 코드가 복사되면 '테니스공'의 x 좌표값(-120)은 '-6'으로 수정하고, '깃털'의 x 좌표값(-120)은 '100'으로 수정해요.
② '깃털' 오브젝트는 복사된 코드에서 '시작' 신호를 받았을 때 맨 아래쪽에 '결과' 신호 보내기를 연결해요.

03 무게는 같지만 크기가 다른 2개의 구슬을 동시에 떨어뜨렸을 때 크기가 작은 구슬이 먼저 떨어지는 이유를 적어보세요.

CHAPTER 22 중력에 따른 몸무게 변화

학습목표
- 신호를 받아 오브젝트의 방향을 회전시킬 수 있습니다.
- 오브젝트의 방향에 따라 변수값을 다르게 정할 수 있습니다.
- 오브젝트의 방향에 맞추어 몸무게를 계산한 후 글로 쓸 수 있습니다.

ENTRY

비행기와 함께 날아간 백만원

실습 및 완성 파일 : [22차시] 폴더

장면이 시작되었을 때 몸무게 입력하기

01 엔트리를 실행하여 [실습 및 완성파일]-[22차시] 폴더에서 **몸무게.ent** 파일을 불러온 후 [**장면1**]에서 **어린이**를 클릭해요.

02 시작에서 `장면이 시작되었을 때`를 블록 조립소로 드래그한 후 자료에서 `대답 숨기기`, `안녕! 을(를) 묻고 대답 기다리기`, `위치▼ 를 10 (으)로 정하기`를 연결해요.

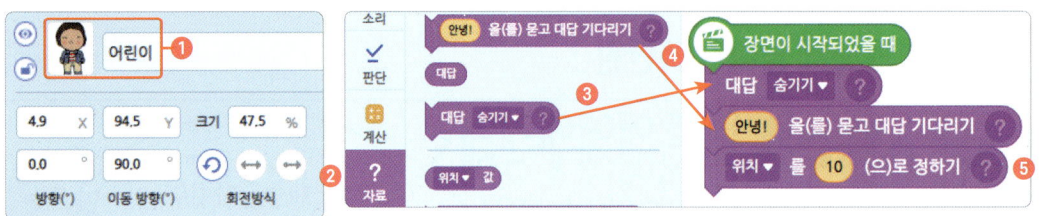

03 위치를 **몸무게**로 변경한 후 `대답`을 10에 끼워 넣어요. 이어서, 질문 내용을 **몸무게를 입력하세요.**로 변경해요.

> **TIP**
> 장면이 시작되면 몸무게를 입력하라는 질문이 나오고 몸무게를 입력하면 해당 값(대답)이 '몸무게' 변수값으로 정해져요.

신호를 받았을 때 오른쪽 또는 왼쪽 방향으로 회전하기

01 **어린이**가 선택된 상태에서 시작에서 `측정▼ 신호를 받았을 때`를 블록 조립소로 드래그한 후 **오른쪽**으로 변경해요. 이어서, 움직임에서 `방향을 90° 만큼 회전하기`를 연결해요.

> **TIP**
> '오른쪽' 신호를 받으면 '어린이' 오브젝트가 오른쪽 방향으로 90도만큼 회전해요.

156

02 코드를 복사하기 위해 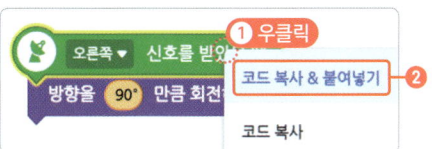 위에서 마우스 오른쪽 버튼을 눌러 [**코드 복사 & 붙여넣기**]를 클릭해요.

03 복사된 코드를 오른쪽에 배치한 후 신호(**왼쪽**)와 방향(-90)을 변경해요.

> **TIP**
> '왼쪽' 신호를 받으면 '어린이' 오브젝트가 왼쪽 방향으로 -90도만큼 회전해요.

STEP 03 오브젝트를 클릭했을 때 크기를 바꾸고 신호 보내기

01 **왼쪽 버튼**을 선택한 후  에서 오브젝트를 클릭했을 때 를 블록 조립소로 드래그해요. 이어서, 생김새 에서 크기를 10 만큼 바꾸기 를 연결한 후 -5로 변경해요.

02 작아진 크기를 원래 크기로 되돌리기 위해 흐름 에서 2 초 기다리기 를 연결하고 0.1로 변경해요. 이어서, 생김새 에서 원래 크기로 되돌리기 를 연결해요.

> **TIP**
> 오브젝트를 클릭하면 크기를 -5만큼 줄였다가 다시 원래 크기로 되돌려요.

03 신호를 보내기 위해 [시작] 에서 [측정 신호 보내기] 2개를 연결한 후 블록 1개만 **왼쪽**으로 변경해요.

> **TIP**
> '왼쪽 버튼'을 클릭하면 '왼쪽' 신호는 '어린이' 오브젝트로 보내고, '측정' 신호는 '글상자'와 '바늘1' 오브젝트로 보내요.

04 코드를 복사하여 '오른쪽 버튼'에 붙여넣기 위해 [오브젝트를 클릭했을 때] 위에서 마우스 오른쪽 버튼을 눌러 **[코드 복사]**를 클릭해요.

05 **오른쪽 버튼**을 선택한 후 블록 조립소에서 마우스 오른쪽 버튼을 눌러 **[붙여넣기]**를 클릭해요. 이어서, **왼쪽** 신호를 **오른쪽**으로 변경해요.

> **TIP**
> '오른쪽 버튼'을 클릭하면 '오른쪽' 신호는 '어린이' 오브젝트로 보내고, '측정' 신호는 '글상자'와 '바늘1' 오브젝트로 보내요. 첫 번째 장면인 [과학상식]을 선택하고 [시작하기] 를 클릭하여 코드 결과를 확인해 보세요.

방향에 맞추어 위치 변수값을 정하기

01 **글상자**를 선택한 후 [시작]에서 [장면이 시작되었을 때]를 블록 조립소로 드래그해요. 이어서, [흐름]에서 [계속 반복하기]를 연결한 후 [만일 참 (이)라면]을 안쪽에 연결해요.

02 방향에 따라 위치 변수값을 정하기 위해 [판단]에서 [10 = 10]를 **참**에 끼워 넣어요. 이어서, [계산]에서 [글상자▼ 의 x좌푯값▼]을 **왼쪽** 10에 끼워 넣은 후 **오른쪽** 10을 0으로 변경해요.

03 글상자(**어린이**)와 x 좌푯값(**방향**)을 변경한 후 [자료]에서 [위치▼ 를 10 (으)로 정하기]를 안쪽에 연결하고 **−0.3**으로 변경해요.

> **TIP**
> '어린이' 오브젝트의 방향이 0도이면 '위치' 변수값을 −0.3으로 정해요.

04 코드를 복사하기 위해 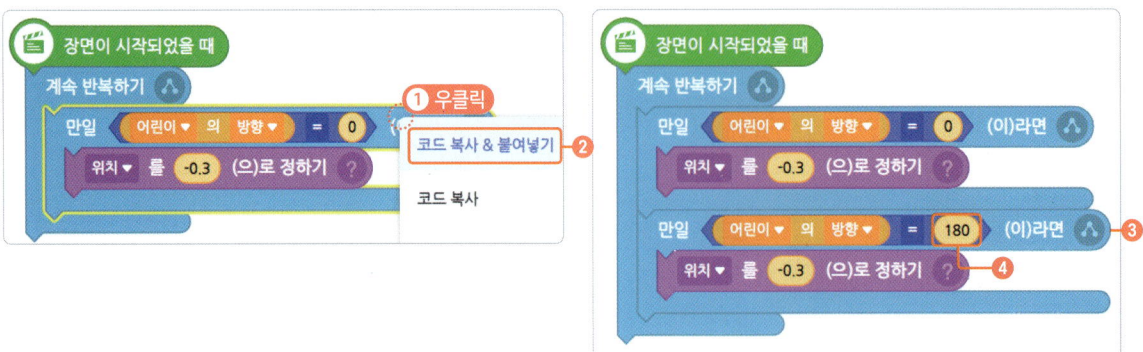 위에서 마우스 오른쪽 버튼을 눌러 **[코드 복사 & 붙여넣기]**를 클릭해요. 복사된 코드를 아래쪽에 연결한 후 값을 **180**으로 변경해요.

> **TIP**
> '어린이' 오브젝트의 방향이 0도(북극) 또는 180도(남극)일 때 몸무게가 약 0.3% 정도 증가하기 때문에 '위치' 변수값을 −0.3으로 정했어요. 몸무게를 계산할 때 값을 양수로 계산하기 위해 마이너스로 지정했어요.

05 적도 방향의 값을 정하기 위해 맨 위쪽 위에서 마우스 오른쪽 버튼을 눌러 **[코드 복사 & 붙여넣기]**를 클릭해요. 복사된 코드를 아래쪽에 연결한 후 값(**90, 270**)과 변수값(**0.2**)을 변경해요.

> **TIP**
> '어린이' 오브젝트의 방향이 90도 또는 270도(적도)일 때 몸무게가 약 0.2% 정도 감소하기 때문에 '위치' 변수값을 0.2로 정했어요.

위치에 맞춰 몸무게를 계산한 후 글로 쓰기

01 글상자가 선택된 상태에서 [시작]에서 [신호를 받았을 때]를 블록 조립소로 드래그한 후 **몸무게 표시**로 변경해요. 이어서, [흐름]에서 [2 초 기다리기]를 연결하고 **0.5**로 변경해요.

02 몸무게를 계산하여 글로 쓰기 위해 [글상자]에서 [엔트리 라고 글쓰기]를 연결한 후 [계산]에서 [10 - 10]을 엔트리에 끼워 넣어요. 이어서, [10 x 10]을 오른쪽 10에 끼운 후 다시 [10 / 10]를 **세 번째 오른쪽 10**에 끼워요.

TIP
[10 - 10 x 10]을 연결한 후 오른쪽 세 번째 10에 이어서 [10 - 10 x 10 / 10] 연결해요.

03 [자료]에서 [위치 값]을 왼쪽부터 차례대로 3개의 10에 끼워 넣은 후 앞쪽 2개를 **몸무게**로 변경해요. 이어서, 맨 **마지막 10을 100으로 변경**한 후 [생김새]에서 [모양 보이기]를 연결해요.

TIP
입력한 몸무게(예 : 100kg)를 기준으로 '위치' 변수에 따라 몸무게가 증가 또는 감소하는지 계산하여 글쓰기로 보여줘요.

04 첫 번째 장면인 **[과학상식]**을 선택하고 [시작하기]를 클릭하여 몸무게를 입력한 후 좌-우 버튼을 이용하여 '어린이'가 '북극, 남극, 적도'에 위치했을 때 몸무게가 어떻게 바뀌는지 확인해요.

01 [장면1]에서 신호를 받았을 때 질문을 한 후 답변을 받아서 '무게' 변수값으로 정하도록 '역도' 오브젝트에 코드를 작성해 보세요.

● 실습 및 완성 파일 : [22차시] 폴더

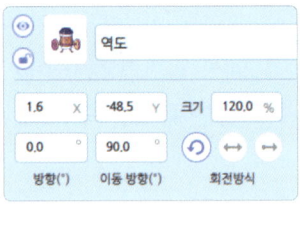 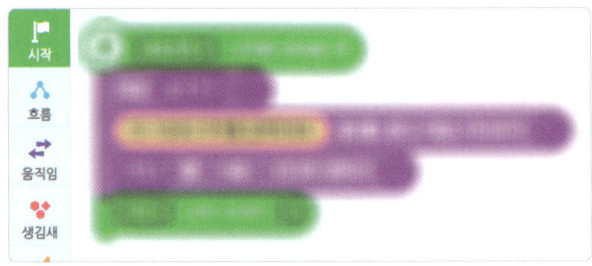

◆ HINT ◆
① '배경선택' 신호를 받았을 때 '대답'을 숨긴 후 "10~100KG 무게를 입력하세요."로 질문하고 대답을 기다려요.
② 질문에 대한 대답을 '무게' 변수로 정한 후 '시작' 신호를 보내요.

02 오브젝트를 클릭했을 때 '위치' 변수값이 정해지고 신호를 보낼 수 있도록 '북극' 오브젝트에 코드를 작성해 보세요.

◆ HINT ◆
오브젝트를 클릭했을 때 '위치' 변수값을 '1.2'로 정한 후 '북극배경'과 '배경선택' 신호를 보내요.

03 한국 몸무게를 기준으로 남극 또는 적도에서 몸무게를 측정했을 때 값이 다른 이유를 간단히 적어 보세요.

CHAPTER 23

기차 vs 셔틀콕 누가 더 빠를까?

ENTRY

학습목표
- 초시계 값과 속도 변수값을 이용하여 거리 변수값을 정할 수 있습니다.
- 속도, 전체거리, 전체시간, 거리 변수값을 다시 정할 수 있습니다.
- 속도 변수값에 맞추어 배경의 위치를 이동시킬 수 있습니다.

오늘의 과학 TOON — 기차보다 빠른 것에 치였다니까요!

실습 및 완성 파일 : [23차시] 폴더

STEP 01 '초시계 값'을 이용하여 속도, 거리, 전체거리, 전체시간을 변경하기

01 엔트리를 실행하여 [실습 및 완성파일]-[23차시] 폴더에서 **기차vs셔틀콕.ent** 파일을 불러온 후 **[기차]**에서 **기차**를 클릭해요.

02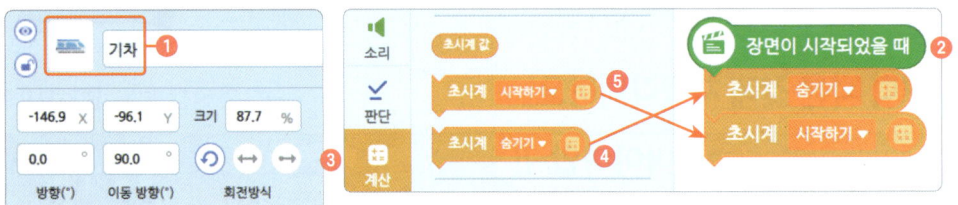

> **TIP**
> 장면이 시작되면 초시계가 실행화면에서 보이지 않게 숨긴 후 시작해요.

03 '참'이 될 때까지 반복하기 위해 [흐름]에서 [참이 될 때까지 반복하기]를 연결한 후 [판단]에서 [10 > 10]을 참에 끼워 넣어요. 이어서, [자료]에서 [셔틀콕 시간 값]을 왼쪽 10에 끼워 넣은 후 **속도**로 변경하고, **오른쪽 10**은 **300**으로 변경해요.

> **TIP**
> '속도' 변수값이 300을 초과할 때까지 안쪽의 블록을 반복해서 실행해요.

04 거리를 계산하기 위해 [자료]에서 [셔틀콕 시간을 10(으)로 정하기]를 안쪽에 연결하여 **거리**로 변경한 후 [계산]에서 [10 x 10]을 10에 끼워 넣어요. 이어서, [10 x 10]을 오른쪽 10에 끼운 후 다시 [10 x 10]을 세 번째 오른쪽 10에 끼워요.

05 에서 `초시계 값`을 첫 번째 10에 끼워 넣은 후 **오른쪽 10**을 2.78로 변경해요. 이어서, 에서 `셔틀콕 시간▼ 값`을 세 번째 10에 끼워 넣은 후 **속도**로 변경하고 **오른쪽 10**을 0.1로 변경해요.

> **TIP**
> 안쪽의 블록은 거리를 계산하는 공식(거리=시간×속도)이며, 초시계 값에 '2.78'을 곱한 이유는 시속을 초(km/s)가 아닌 시간(km/h)으로 계산하기 위해서 값을 곱했어요.

06 최고속도를 정하기 위해 `흐름`에서 `만일 참 (이)라면`을 연결한 후 `판단`에서 `10 > 10`를 **참**에 끼워 넣어요. 이어서, `자료`에서 `셔틀콕 시간▼ 값`을 양쪽 10에 끼워 넣은 후 **속도**와 **최고속도**로 변경해요.

07 `자료`에서 `셔틀콕 시간▼ 을 10 (으)로 정하기`를 안쪽에 연결하여 **최고속도**로 변경한 후 `셔틀콕 시간▼ 값`을 10에 끼워 넣고 **속도**로 변경해요.

> **TIP**
> '속도' 변수값이 '최고속도' 변수값을 초과하면 해당 '속도' 변수값을 '최고속도' 변수값으로 정해요.

08 2초 간격마다 변수값을 다시 정하기 위해 을 연결한 후 에서 를 참에 끼워 넣어요. 이어서, 에서 초시계 값을 왼쪽 10에 끼워 넣은 후 **오른쪽 10을 2로** 변경해요.

> **TIP**
> 2초 간격으로 '속도, 거리, 시간' 등을 다시 정하는 이유는 실제 상황을 최대한 반영하기 위해서예요. 기차가 달릴 때 목적지까지 똑같은 속도를 유지하는 것이 아니라 '가속'과 '감속'을 반복하기 때문에 2초 간격으로 변수값을 다시 정하여 처리하는 것이에요.

09 에서 4개를 안쪽에 연결한 후 변수명을 **속도, 전체거리, 전체시간, 거리**로 변경해요. 이어서, 에서 3개를 위에서부터 순서대로 10에 끼워 넣은 후 을 맨 위쪽 **오른쪽 10**에 끼워 넣어요.

10 에서 값을 아래 그림처럼 10에 끼워 넣은 후 변수명을 **속도, 전체거리, 거리, 전체시간**으로 변경해요.

> **TIP**
> 값 블록의 위치와 변수명이 그림과 같은지 다시 한번 확인해 주세요.

11 맨 위쪽 10을 0.7로 변경하고 [계산]에서 [초시계 값]을 전체시간 옆의 10에 끼워 넣고 [초시계 시작하기]를 연결한 후 **초기화하기**로 변경해요. 이어서, [흐름]에서 [2 초 기다리기]를 **만일~이라면** 아래쪽에 연결한 후 **0.01**로 변경해요.

> **TIP**
> 초시계 값이 '2'를 초과하면 '속도'는 '속도'에 '0.7'을 곱한 후 '속도'를 더해 정하고, '전체거리'는 '전체거리'에 '거리'를 더하여 정하고, '전체시간'은 '전체시간'에 '초시계 값'을 더하여 정하고, '거리'는 '10'으로 정한 후 초시계를 초기화하여 값을 0으로 만들어요.

12 속도 변수값이 300을 초과했을 경우 '평균 속도'와 '최고 속도'를 계산하기 위해 [계산]에서 [초시계 시작하기]를 맨 아래쪽에 연결한 후 **정지하기**로 변경해요. 이어서, [시작]에서 [속도측정 신호 보내기]와 [흐름]에서 [모든 코드 멈추기]를 연결한 후 신호(**계산 신호**)와 멈추기(**이**)를 변경해요.

23 기차 vs 셔틀콕 누가 더 빠를까? 167

'속도' 변수를 이용하여 배경 위치 변경하기

01 **거리 배경1**을 선택한 후 [시작]에서 `장면이 시작되었을 때`를 블록 조립소로 드래그한 후 [흐름]에서 `계속 반복하기`를 연결해요. 이어서, [움직임]에서 `x 좌표를 10 만큼 바꾸기`를 안쪽에 연결해요.

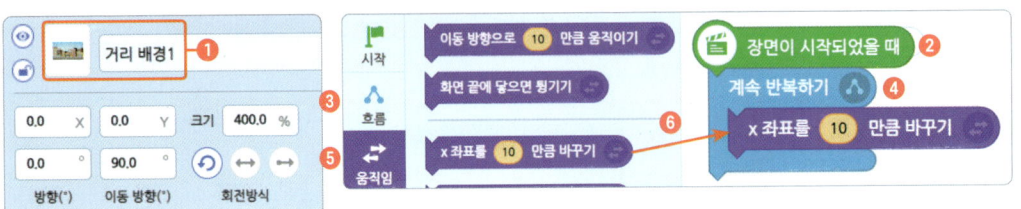

02 변수값을 이용하여 좌표 값을 바꾸기 위해 [계산]에서 `10 / 10`을 10에 끼워 넣은 후 [자료]에서 `서틀콕 시간▼ 값`을 **왼쪽 10**에 끼워 넣고 **속도**로 변경해요. 이어서, **오른쪽 10**을 **–10**으로 변경한 후 [흐름]에서 `2 초 기다리기`를 연결하고 **00.1**로 변경해요.

> **TIP**
> '속도' 변수값을 –10으로 나누어 해당 값만큼 '거리 배경1' 오브젝트를 왼쪽(음수)으로 이동시켜요. '속도' 변수값이 증가할수록 '거리 배경1'도 점점 빠르게 이동해요.

03 '거리 배경1' 오브젝트가 실행화면 왼쪽 밖으로 벗어나면 오른쪽 끝으로 이동시키기 위해 [흐름]에서 `만일 참 (이)라면`을 연결한 후 [판단]에서 `10 < 10`를 **참**에 끼워 넣어요.

168

04  에서 `글상자▼ 의 x좌푯값▼`을 **왼쪽 10**에 끼워 넣고 **자신**으로 변경한 후 **오른쪽 10**을 **-480**으로 변경해요. 이어서, 움직임에서 `x: 10 위치로 이동하기`를 안쪽에 연결한 후 **480**으로 변경해요.

> **TIP**
> '거리 배경1' 오브젝트의 x좌푯값이 -480(중심점을 기준으로 실행화면 왼쪽 끝) 미만이면 x좌표를 480(중심점을 기준으로 실행화면 오른쪽 끝)으로 이동시킨 후 다시 왼쪽으로 '속도' 변숫값만큼 이동해요.

05 '계산 신호'를 받았을 때 코드를 멈추기 위해 시작에서 `속도측정▼ 신호를 받았을 때`를 블록 조립소로 드래그한 후 **계산 신호**로 변경해요. 이어서, 흐름에서 `모든▼ 코드 멈추기`를 연결한 후 **자신의**로 변경해요.

06 배경이 2개이기 때문에 **거리 배경1**의 모든 코드를 복사하여 **거리 배경2**에 붙여넣어요.

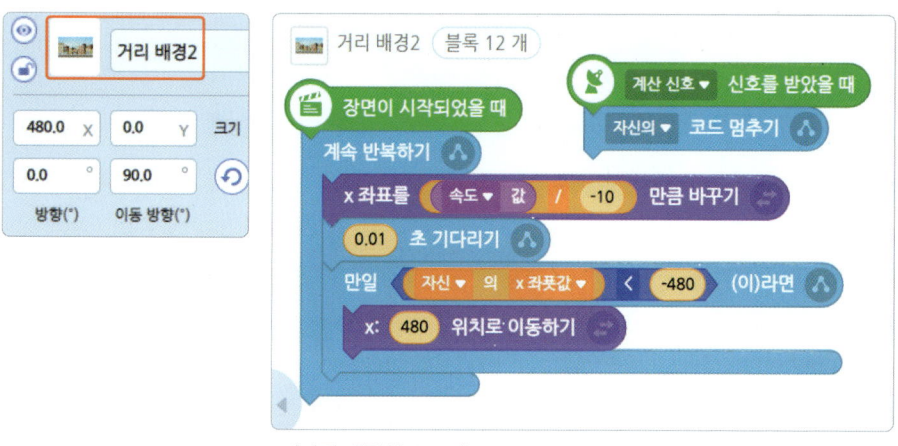

▲ '거리 배경2' 오브젝트

07 첫 번째 장면인 [**과학상식**]을 선택하고 `시작하기`를 클릭하여 기차와 셔틀콕 중 누가 더 빠른지 확인해 보세요.

미션 해결하기

01 [장면1]에서 장면이 시작되었을 때 방향을 '속도' 변수값에 맞추어 회전하도록 '바퀴1' 오브젝트에 코드를 작성한 후 해당 코드를 복사하여 '바퀴' 오브젝트에 붙여 넣으세요.

● 실습 및 완성 파일 : [23차시] 폴더

✦ HINT ✦
❶ 장면이 시작되면 방향을 '속도' 변수값을 5로 나눈 값만큼 0.01초 간격으로 계속 회전해요.
❷ 해당 코드를 복사한 후 '바퀴' 오브젝트 붙여 넣어요.

02 장면이 시작되었을 때 '속도' 변수값에 맞추어 x좌표를 바꾸고 자신의 x좌표값이 -480 미만이면 x좌표를 480 위치로 이동하도록 '레이싱 배경1' 오브젝트에 코드를 작성한 후 해당 코드를 복사하여 '레이싱 배경' 오브젝트에 붙여 넣으세요.

✦ HINT ✦
❶ 장면이 시작되었을 때 '속도' 변수값을 -10으로 나눈 값만큼 X좌표를 반복해서 왼쪽으로 이동해요.
❷ 만일 자신의 x좌표값이 -480 미만이면 x 480 위치로 이동하고 0.01초를 기다려요.

03 기차와 셔틀콕 중에서 누가 더 빠른지 적어보세요.

CHAPTER 24
캔 우유와 팩 콜라는 왜 없을까?

ENTRY

학습목표
- 장면 및 오브젝트를 추가한 후 속성을 변경할 수 있습니다.
- 오브젝트를 클릭했을 때 크기를 변경하고 신호를 보낼 수 있습니다.
- 신호를 받았을 때 변수값과 비교하여 크기를 변경할 수 있습니다.

오늘의 과학 TOON — 없는 데에는 다 이유가 있단다!

실습 및 완성 파일 : [24차시] 폴더

24 캔 우유와 팩 콜라는 왜 없을까? 171

장면 및 오브젝트를 추가하여 속성 변경하기

01 엔트리를 실행하여 [실습 및 완성파일]-[24차시] 폴더에서 **우유와 콜라.ent** 파일을 불러온 후 [과학상식] 장면 옆의 ➕ 를 클릭하여 새로운 장면을 추가해요.

02 외부 파일을 오브젝트로 추가하기 위해 ➕ 오브젝트 추가하기 를 클릭한 후 파일 올리기 -[파일 올리기]를 클릭해요.

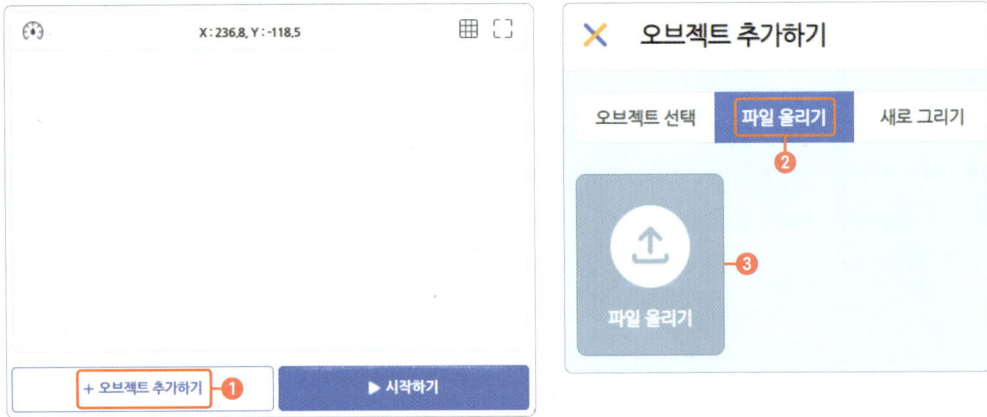

03 [열기] 대화상자가 나오면 [실습 및 완성파일]-[24차시] 폴더에서 Ctrl 을 누른 채 **상점 배경, 세균, 세균1, 탄산, 터진 콜라**를 선택한 후 **<열기>**를 클릭해요. 선택된 이미지가 등록되면 추가하기 를 클릭해요.

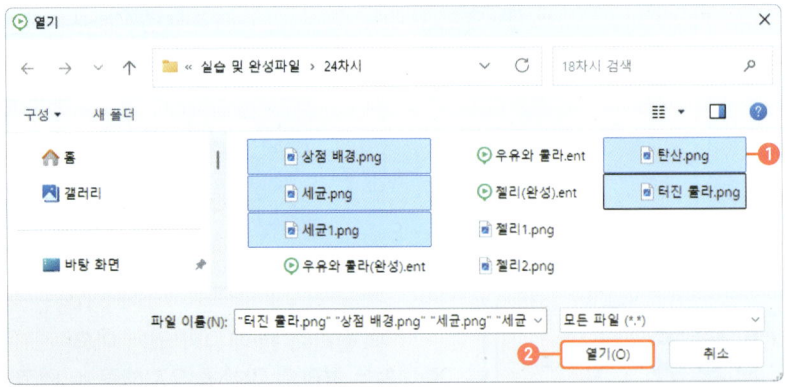

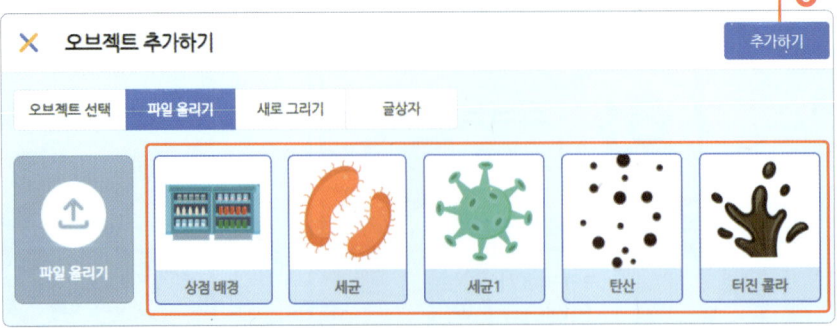

04 엔트리봇 오브젝트를 추가하기 위해 +오브젝트 추가하기 를 클릭하여 **탐정 옆 모습**을 선택한 후 추가하기 를 클릭해요.

05 배경으로 사용할 오브젝트의 크기를 변경하고 속성을 잠그기 위해 오브젝트 목록에서 **상점 배경**을 선택한 후 크기를 347로 변경하고 잠그기(🔒)을 클릭해요.

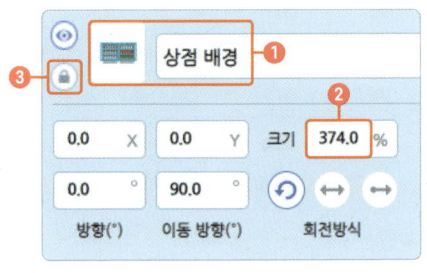 

06 오브젝트의 속성을 변경하기 위해 오브젝트 목록에서 **세균**을 선택한 후 **이름(세균2), X(-45), Y(74), 크기(20)**으로 변경하고 숨기기(👁)를 클릭해요. 이어서, 마우스 오른쪽 버튼을 눌러 **[복제]**를 클릭해요.

07 오브젝트가 복제(세균3)되면 **X(-134), Y(71), 크기(20)**으로 변경해요.

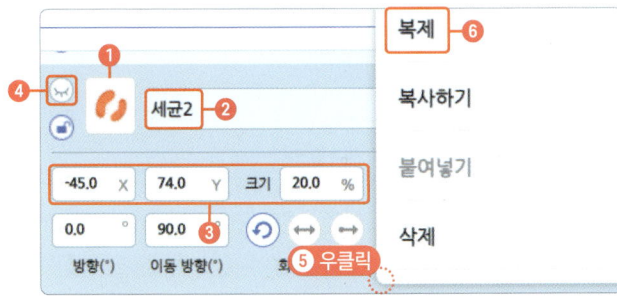 

▲ 복제된 오브젝트

> **TIP**
> 속성이 변경된 오브젝트의 위치를 확인하고 싶다면 (👁)를 클릭해요.

24 캔 우유와 팩 콜라는 왜 없을까? **173**

08 오브젝트 목록에서 **세균1**을 선택한 후 X(-72), Y(70), 크기(23)으로 변경하고 숨기기( )를 클릭해요.

09 오브젝트 목록에서 **탐정 옆 모습**을 선택한 후 X(3), Y(-71)로 변경해요.

 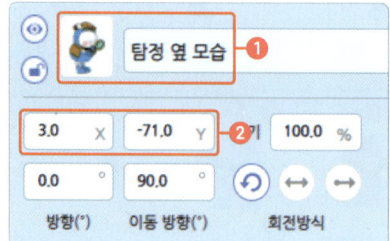

10 똑같은 방법으로 아래 그림을 참고하여 **터진 콜라**와 **탄산**의 속성을 변경한 후 **터진 콜라를 복제**하여 크기 및 위치를 변경해요.

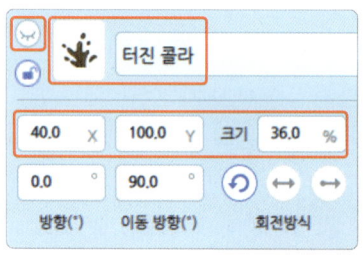 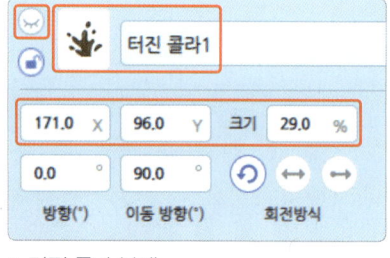 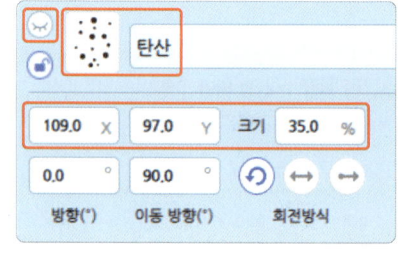

▲ 터진 콜라   ▲ 터진 콜라 복제   ▲ 탄산

글상자 오브젝트 추가 후 코드 작성하기

01 '글상자' 오브젝트를 추가하기 위해 +오브젝트 추가하기 를 클릭한 후 글상자 를 선택해요. 이어서, 글꼴(**산돌 별이샤방샤방**), 글꼴 색상(**검정**), 채우기 색상(**흰색**), **여러 줄 쓰기**를 각각 지정한 후 <추가하기>를 클릭해요.

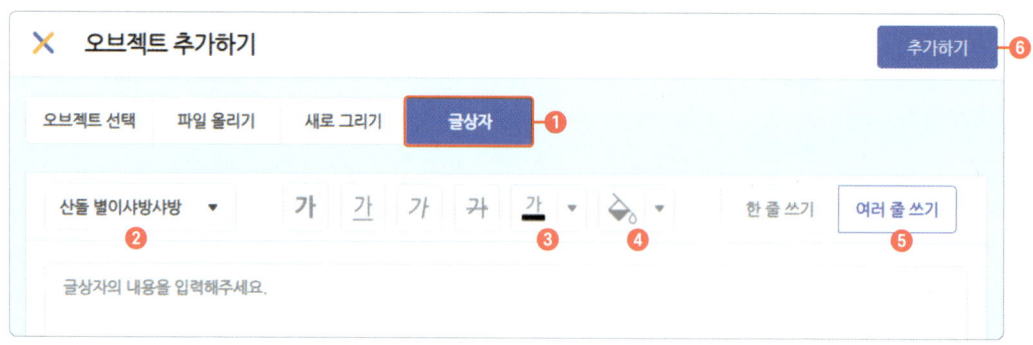

> **TIP**
> '글꼴 색상' 및 '채우기 색상'을 변경할 때는 '팔레트 모드( )'를 클릭하여 원하는 색상을 선택하세요.

02 글상자 오브젝트가 추가되면 아래 그림처럼 실행화면 위쪽으로 위치를 변경한 후 조절점(■)을 드래그하여 크기를 변경해요. 이어서, **글상자**로 이름을 변경한 후 숨기기(◉)를 클릭해요.

> **TIP**
> 글상자는 마우스를 이용하여 크기 및 위치를 변경하기 때문에 x, y, 크기 값은 교재와 다를 수 있어요.

03 글상자 오브젝트에 코드를 작성하기 위해 [블록] 탭을 클릭해요. 시작에서 장면이 시작되었을 때를 블록 조립소로 드래그한 후 생김새에서 모양 보이기를 연결해요.

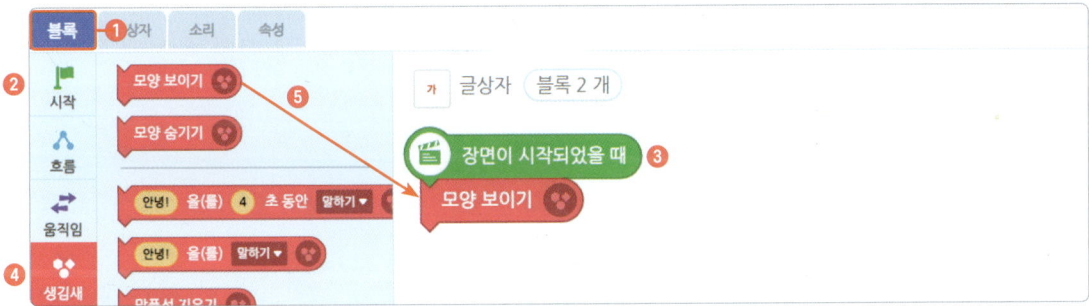

04 숨겨진 변수를 실행화면에 보이기 위해 자료에서 변수 온도2▼ 보이기 2개를 연결한 후 1개만 **온도1**로 변경해요. 이어서, 글상자에서 엔트리 라고 글쓰기 2개를 연결해요.

> **TIP**
> 장면이 시작되면 숨겨져 있던 '글상자'와 '변수' 2개가 실행화면에 나타나요.

24 캔 우유와 팩 콜라는 왜 없을까? **175**

05 첫 번째 내용(**가게에서 캔 우유와 팩 콜라를 팔지 않는 이유는?**)을 변경한 후 두 번째 내용(**냉장고 온도를 높이고 엔트리봇을 클릭해 봐!**)도 변경해요. 이어서, 에서 2 초 기다리기를 블록 사이에 연결한 후 **4**로 변경해요.

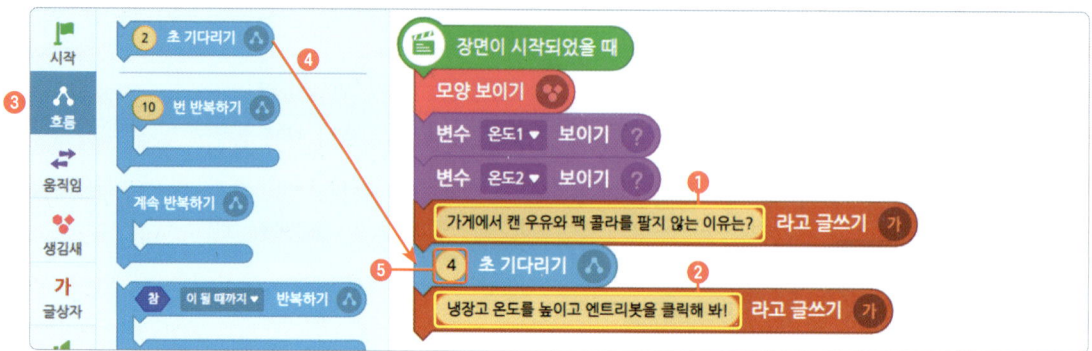

06 신호를 받았을 때 모양을 숨기기 위해 [시작]에서 [시작▼ 신호를 받았을 때]를 블록 조립소로 드래그한 후 [생김새]에서 [모양 숨기기]를 연결해요.

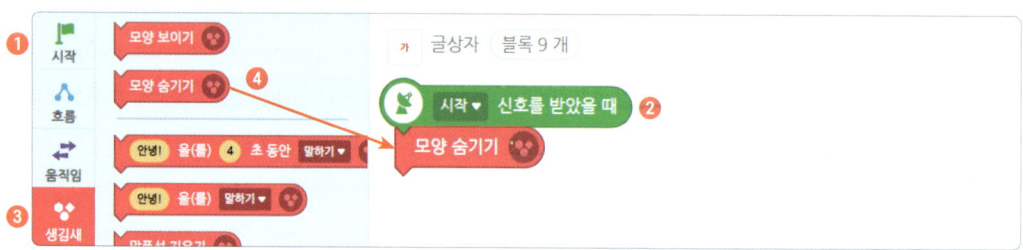

> **TIP**
> '시작' 신호를 받으면 '글상자' 오브젝트가 실행화면에서 보이지 않게 숨겨요.

STEP 03 '탐정 옆 모습' 오브젝트에 코드 작성하기

01 탐정 옆 모습을 선택한 후 [시작]에서 [오브젝트를 클릭했을 때]를 블록 조립소로 드래그해요. 이어서, [생김새]에서 [크기를 10 만큼 바꾸기]를 연결한 후 **30**으로 변경해요.

> **TIP**
> 오브젝트를 클릭하면 현재 크기(100)에 30을 더하여 130으로 크기를 바꿔요.

02 신호를 보낸 후 모양을 숨기기 위해 [흐름]에서 [2초 기다리기]를 연결한 후 1로 변경해요. 이어서, [시작]에서 [시작▼ 신호 보내기]와 [생김새]에서 [모양 숨기기]를 연결해요.

> **TIP**
> 오브젝트를 클릭하면 크기를 바꾼 후 1초 뒤에 '시작' 신호를 보내고 모양을 숨겨요.

STEP 04 '세균' 오브젝트에 코드 작성하기

01 **세균1**을 선택하여 [시작]에서 [시작▼ 신호를 받았을 때]를 블록 조립소로 드래그한 후 에서 [2초 기다리기]를 연결해요. 이어서, [계산]에서 [0 부터 10 사이의 무작위 수]를 2에 끼워 넣은 후 값을 1과 3으로 변경해요.

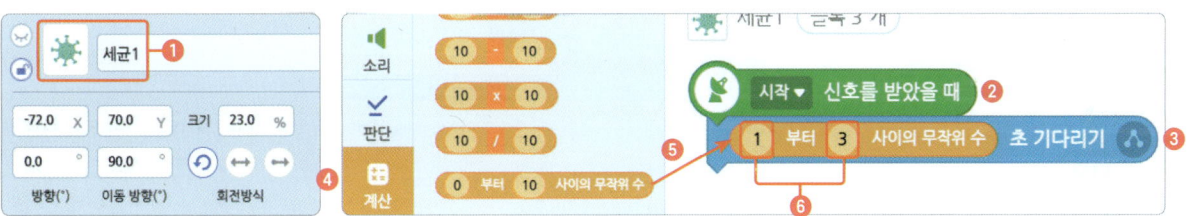

02 조건에 맞았을 때 모양을 보이기 위해 [흐름]에서 [만일 참 (이)라면]을 연결한 후 [계속 반복하기]를 안쪽에 연결해요. 이어서, [생김새]에서 [모양 보이기]를 블록 사이에 연결해요.

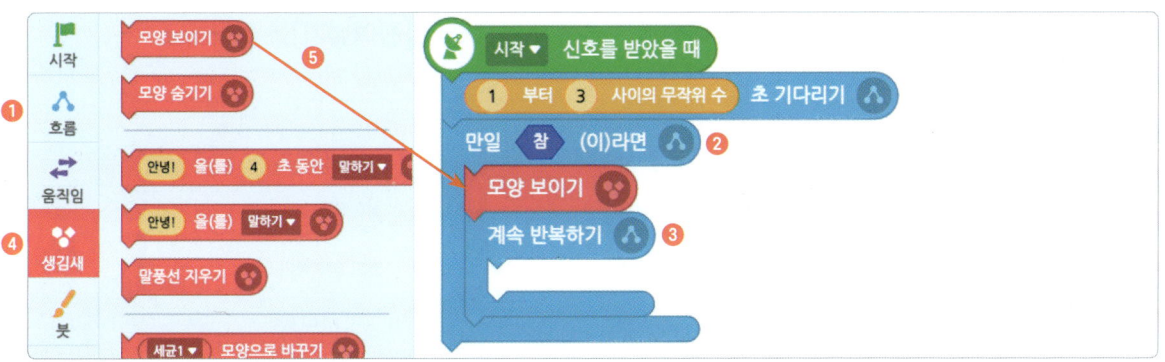

> **TIP**
> '시작' 신호를 받았을 때 1~3초 사이를 기다렸다가 조건에 맞으면 실행화면에 나타나요.

03 변수값을 판단하기 위해 [판단]에서 <10 ≤ 10>를 참에 끼워 넣어요. 이어서, [자료]에서 <온도2▼ 값>을 오른쪽 10에 끼워 넣고 온도1로 변경한 후 왼쪽 10을 4로 변경해요.

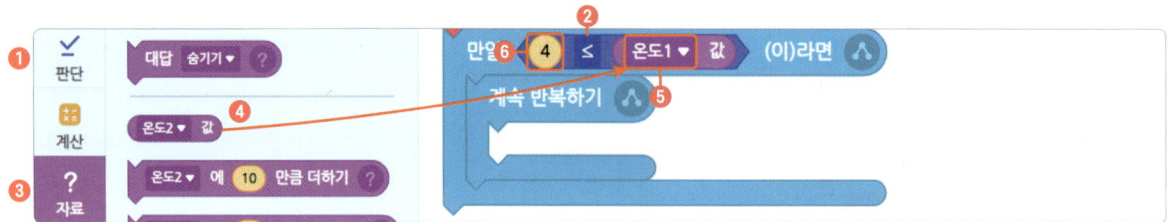

04 조건에 맞으면 크기를 바꾸기 위해 [생김새]에서 <크기를 10 만큼 바꾸기>와 <원래 크기로 되돌리기>를 안쪽에 연결한 후 크기를 -3으로 변경해요. 이어서, [흐름]에서 <2 초 기다리기> 2개를 블록 사이에 연결한 후 0.2로 변경해요.

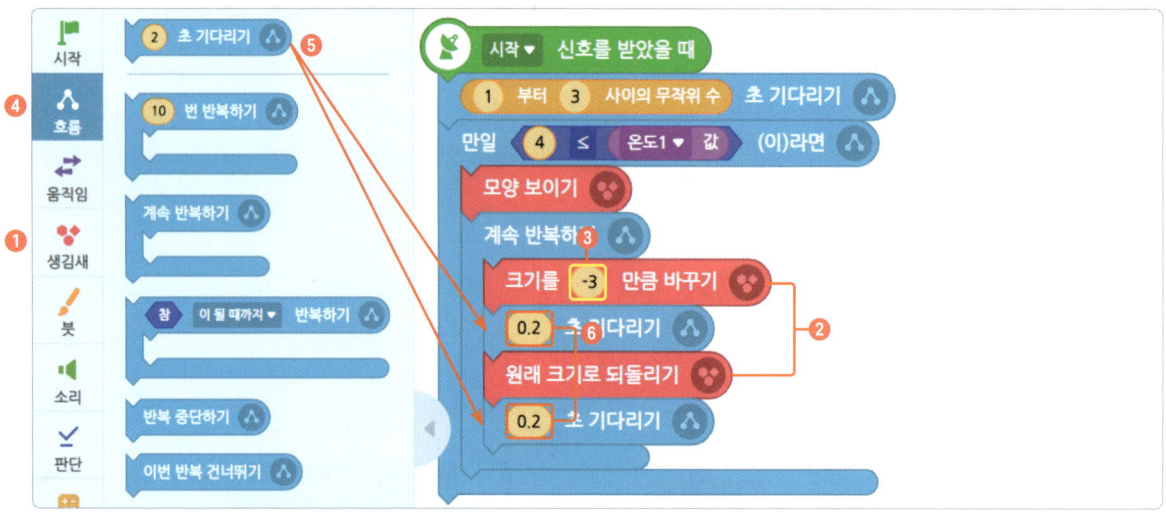

TIP
'온도1' 변수값이 '4' 이상이면 크기를 -3만큼 줄였다가 원래 크기로 되돌리는 작업을 계속 반복해요.

05 코드를 복사하여 '세균2'와 '세균3' 오브젝트에 붙여넣기 위해 <시작▼ 신호를 받았을 때> 위에서 마우스 오른쪽 버튼을 눌러 [코드 복사]를 클릭해요.

06 세균2와 세균3을 선택한 후 블록 조립소에서 마우스 오른쪽 버튼을 눌러 [붙여넣기]를 클릭해요.

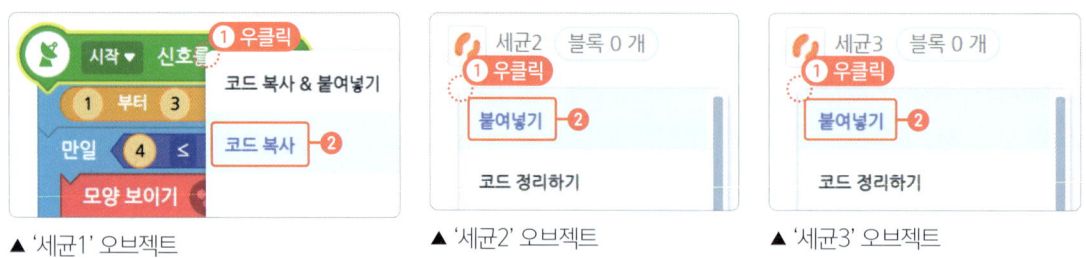

▲ '세균1' 오브젝트   ▲ '세균2' 오브젝트   ▲ '세균3' 오브젝트

TIP
'세균2'와 '세균3' 오브젝트에 복사된 코드는 수정이 없기 때문에 그대로 사용해요.

'탄산' 및 '터진 콜라' 오브젝트에 코드 작성하기

01 '세균1' 코드가 복사된 상태에서 **탄산**을 선택한 후 블록 조립소에서 마우스 오른쪽 버튼을 눌러 [**붙여넣기**]를 클릭해요.

02 코드가 복사되면 판단 **값(20)**, 변수(**온도2**), 크기(**3**)를 각각 변경해요.

> **TIP**
> 코드 복사가 해제되었을 경우 '세균1' 오브젝트의 코드를 다시 복사하여 붙여넣으세요.

03 수정된 **탄산** 코드를 복사하여 **터진 콜라**와 **터진 콜라1**에 붙여 넣어요.

▲ '탄산' 오브젝트

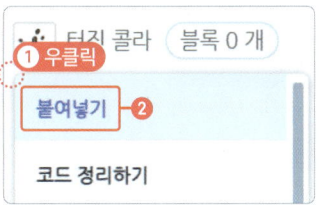
▲ '터진 콜라' 오브젝트

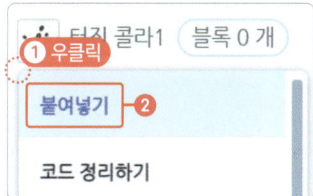
▲ '터진 콜라1' 오브젝트

04 첫 번째 장면인 [**과학상식**]을 선택하고 ▶시작하기 를 클릭하여 온도 변수(**온도1**, **온도2**)를 변경한 후 **탐정 옆 모습**을 클릭해요.

미션 해결하기

01 [장면1]에서 [24차시] 폴더에 있는 '젤리'를 오브젝트로 추가한 후 X, Y, 크기를 변경해요.

● 실습 및 완성 파일 : [24차시] 폴더

✦ HINT ✦

❶ 오브젝트 추가하기 → 파일 올리기 → 파일 올리기 → 24차시 폴더에서 '젤리' 선택 → 추가하기
❷ 오브젝트 목록에서 X(5), Y(-70), 크기(40)를 변경

02 오브젝트를 클릭했을 때 신호를 보내고 변수를 정한 후 크기를 변경하도록 '젤리' 오브젝트에 코드를 작성해요.

✦ HINT ✦

❶ 오브젝트를 클릭하면 "난 젤리! 겔이야~"를 2초 동안 말을 한 후 '시작' 신호를 보내고 '비교' 변수값을 '2'로 정해요.
❷ 크기를 -5만큼 바꾼 후 0.2초를 기다렸다가 원래 크기로 되돌려요.

03 가게에 '캔 우유'와 '팩 콜라'가 없는 이유를 간단히 적어보세요?